AF202655

Tucholsky Wagner Zola Scott Sydow Freud Schlegel
Turgenev Wallace Fonatne
Twain Walther von der Vogelweide Fouqué Friedrich II. von Preußen
Weber Freiligrath
Fechner Fichte Weiße Rose von Fallersleben Kant Ernst Frey
Richthofen Frommel
Engels Fielding Hölderlin
Fehrs Faber Flaubert Eichendorff Tacitus Dumas
Eliasberg Ebner Eschenbach
Feuerbach Maximilian I. von Habsburg Fock Eliot Zweig
Ewald Vergil
Goethe Elisabeth von Österreich London
Mendelssohn Balzac Shakespeare Dostojewski Ganghofer
Trackl Lichtenberg Rathenau Doyle Gjellerup
Stevenson Hambruch
Mommsen Tolstoi Lenz Hanrieder Droste-Hülshoff
Thoma von Arnim
Dach Verne Hägele Hauff Humboldt
Karrillon Reuter Rousseau Hagen Hauptmann Gautier
Garschin
Damaschke Defoe Hebbel Baudelaire
Descartes
Hegel Kussmaul Herder
Wolfram von Eschenbach Schopenhauer
Darwin Dickens Rilke George
Bronner Melville Grimm Jerome
Campe Horváth Aristoteles Bebel Proust
Bismarck Vigny Barlach Voltaire Federer Herodot
Gengenbach Heine
Storm Casanova Tersteegen Gilm Grillparzer Georgy
Chamberlain Lessing Langbein
Brentano Gryphius
Strachwitz Claudius Schiller Lafontaine
Kralik Iffland Sokrates
Katharina II. von Rußland Bellamy Schilling
Gerstäcker Raabe Gibbon Tschechow
Löns Hesse Hoffmann Gogol Wilde Gleim Vulpius
Luther Heym Hofmannsthal Klee Hölty Morgenstern
Roth Goedicke
Heyse Klopstock Kleist
Luxemburg Puschkin Homer Mörike
La Roche Horaz Musil
Machiavelli Kierkegaard Kraft Kraus
Navarra Aurel Musset
Nestroy Marie de France Lamprecht Kind Kirchhoff Hugo Moltke
Nietzsche Nansen Laotse Ipsen Liebknecht
Marx Ringelnatz
von Ossietzky Lassalle Gorki Klett Leibniz
May vom Stein Lawrence Irving
Petalozzi
Platon Knigge
Sachs Pückler Michelangelo Kafka
Poe Kock
Liebermann Korolenko
de Sade Praetorius Mistral Zetkin

Der Verlag tredition aus Hamburg veröffentlicht in der Reihe **TREDITION CLASSICS**
Werke aus mehr als zwei Jahrtausenden. Diese waren zu einem Großteil vergriffen
oder nur noch antiquarisch erhältlich.

Symbolfigur für **TREDITION CLASSICS** ist Johannes Gutenberg (1400 — 1468),
der Erfinder des Buchdrucks mit Metalllettern und der Druckerpresse.

Mit der Buchreihe **TREDITION CLASSICS** verfolgt tredition das Ziel, tausende
Klassiker der Weltliteratur verschiedener Sprachen wieder als gedruckte Bücher
aufzulegen – und das weltweit!

Die Buchreihe dient zur Bewahrung der Literatur und Förderung der Kultur.
Sie trägt so dazu bei, dass viele tausend Werke nicht in Vergessenheit geraten.

Zur Selbstprüfung der Gegenwart empfohlen

Søren Kierkegaard

Impressum

Autor: Søren Kierkegaard
Übersetzung: Chr. Hansen
Umschlagkonzept: toepferschumann, Berlin

Verlag: tradition GmbH, Hamburg
ISBN: 978-3-8472-3585-9
Printed in Germany

Rechtlicher Hinweis:
Alle Werke sind nach unserem besten Wissen gemeinfrei und
unterliegen damit nicht mehr dem Urheberrecht.

Ziel der TREDITION CLASSICS ist es, tausende deutsch- und
fremdsprachige Klassiker wieder in Buchform verfügbar zu
machen. Die Werke wurden eingescannt und digitalisiert. Dadurch
können etwaige Fehler nicht komplett ausgeschlossen werden.
Unsere Kooperationspartner und wir von tradition versuchen, die
Werke bestmöglich zu bearbeiten. Sollten Sie trotzdem einen Fehler
finden, bitten wir diesen zu entschuldigen. Die Rechtschreibung der
Originalausgabe wurde unverändert übernommen. Daher können
sich hinsichtlich der Schreibweise Widersprüche zu der heutigen
Rechtschreibung ergeben.

Zur Selbstprüfung

der Gegenwart empfohlen.

Von

S. Kierkegaard.

Nach
der dritten Auflage des Originals aus dem Dänischen
übersetzt und mit einer Charakteristik des Verfassers
versehen

von

Chr. Hansen,
† als Kandidat der Theologie.

Vierte Auflage.

Erlangen und **Leipzig.**
A. Deichert'sche Verlagsbuchh. Nachf.
(Georg Böhme).
1895.

Vorwort zur zweiten Auflage

Dem Wunsche des Herrn Verlegers, die Arbeit meines teuren Freundes Hansen für den neuen Druck durchzusehen, habe ich gerne nachgegeben in dankbarer Erinnerung an den so früh Entschlafenen, der mit dieser Übersetzung angefangen hatte, an der Aufgabe sich zu beteiligen, die den schleswigschen Theologen sonderlich beschieden zu sein scheint, nämlich die Vermittler zu machen zwischen der lutherischen Kirche des skandinavischen Nordens und Deutschlands. Dieser Aufgabe widmete er seine Kräfte und seine Studien, wie noch seine letzte Arbeit bezeugt, die Schrift über den Grundvigianismus, sein Wesen und seine Bedeutung, Kiel 1863.

Kierkegaard hat im Norden durch seine Schriftstellerthätigkeit großes Aufsehen gemacht, nicht nur in seinem Vaterlande Dänemark, sondern auch in Norwegen und Schweden; noch immer haben die von ihm aufgeregten Wogen sich nicht ganz wieder gelegt. Er ist für die skandinavische Kirche eine geschichtliche Persönlichkeit geworden, und dieser Umstand wird es bei allen hinlänglich rechtfertigen, daß die vorliegende Schrift in einer neuen Auflage geboten wird. Zwar ist Kierkegaard auch in deutschen Kirchengeschichten wie bei Hase und Kurtz genannt, aber im allgemeinen weiß man doch in Deutschland wenig von ihm, wie ja überhaupt die Kenntnis der kirchlichen Zustände des Nordens bei uns eine ziemlich beschränkte ist. Aus der Feder eines Skandinaviers, des Norwegers J. C. Heuch, brachte die Zeitschrift für die gesamte lutherische Theologie und Kirche im Jahre 1864 einen Aufsatz über Kierkegaard, der die von Hansen auf den nächsten Blättern gegebene Skizze wesentlich ergänzt und sehr verdient gelesen zu werden. Und in der Zeitschrift für Protestantismus und Kirche 1868 Bd. 55 S. 119 ist von einem der dänischen Kirche mit Liebe und Aufmerksamkeit zugewandten Manne in Aussicht gestellt, er werde »das Bild dieses originellen, dänischen Denkers« zeichnen. Von den Schriften Kierkegaards selbst jedoch ist unseres Wissens noch keine ins Deutsche übersetzt als die Sammlung seiner letzten kirchenstürmenden Aufsätze unter dem Titel: »Staat, Christentum und Kirche«. Diese aber, abgesehen davon, daß die Übersetzung für deutsche Leser fast ungenießbar ist, zeigt den Schriftsteller auf einem Irrwege, zu dem er zwar seiner ganzen Eigentümlichkeit nach hinneigte, den er aber doch erst am Ende seines Lebens wirklich betrat. Da erscheint uns ein Mann, der nicht nur die Schäden und Unwahrheiten des landläufigen Staatskirchentums schonungslos aufdeckt, sondern der auch die kirchliche Gemeinschaft selbst auflöst und das Amt der Kirche als solches bekämpft, der den einzelnen in unverständiger Weise losreißt vom Leben des Ganzen in der Gegenwart und in der früheren Geschichte und damit den Bestand der Kirche wie die Gesundheit des christlichen Einzellebens bedroht. Solches das Bild des Verirrten. Dagegen enthalten die nachfolgenden Blätter, die aus einer früheren Lebenszeit stammen, das Bild eines Mannes, der mit tief einschneidendem Ernste alles unwahre Wesen, wie es in der Christenheit unserer Tage herrscht, enthüllt und straft; der allem christlichen Scheine entgegentritt und die trügerischen Reden und Gründe, mit denen man sich selbst so gerne, um dem Ernste des göttlichen Wortes aus dem Wege zu gehen, täuscht und belügt, in ihrer ganzen Nichtigkeit und Nichtswürdigkeit darlegt. So erfordert es schon die Billigkeit, jenem Bilde gegenüber auch das der besseren Zeit zu erneuern; und wie diese Reden Kierkegaards bei ihrer ersten Wanderung durch Deutschland manchen zur Besinnung über sich selbst gemahnt haben, so wird es ihnen vielleicht auch jetzt, wo sie den Weg von neuem beginnen, gegeben hie und da einen zur Buße zu rufen, damit er mit allem Ernste und in aller Wahrheit ein christliches Leben führe in der Gemeinschaft der Brüder.

Erlangen 1869.

Prof. G. Plitt.

Leben und Charakteristik des Verfassers

Zur Verdeutschung des vorliegenden Büchleins ist der Übersetzer von dem Wunsche bewogen worden, daß der ebenso tiefsinnige als beredte, ebenso philosophisch und christlich durchgebildete als originelle Verfasser auch in Deutschland etwas bekannter werde und die empfänglichen Gemüter an seinem Teile zur Wahrheit weise. Wenn deutsche Leser durch die in einer schlechten Übersetzung unter dem Titel »Christentum und Kirche« erschienenen Flugschriften aus den letzten Lebenstagen Kierkegaards vielleicht den Eindruck empfangen haben sollten, als gehöre dieser Schriftsteller zu den bloß niederreißenden, feindseligen Geistern, so möchten die vorliegenden Reden (die übrigens nicht wirklich gehalten worden sind) geeignet sein, ihn von einer andern, wahreren und besseren Seite zu zeigen, und in einem engen Rahmen ein Bild seiner ganzen Eigentümlichkeit zu geben, möchten aber auch namentlich helfen können, die wichtigen Momente der Wahrheit, für welche er vorzugsweise Sinn und Augen gehabt hat, einzuschärfen und zur Geltung zu bringen.

Zur Orientierung für deutsche Leser läßt der Übersetzer hier noch einen kurzen Abriß von S. K i e r k e g a a r d s Leben und Anschauungen vorausgehen, wohl wissend, daß er freilich damit keineswegs die Bedeutung dieses primitiven religiösen Denkers eingehend und in rechter Würdigung darzustellen im stande ist.

S ö r e n A a b y K i e r k e g a a r d, geb. in Kopenhagen 1813, ward Student 1830, Kandidat der Theologie 1840, *magister artium* 1841. Darauf unternahm er eine wissenschaftliche Reise nach Berlin, zunächst um sich mit der neueren Schelling'schen Philosophie bekannt zu machen, und kehrte im Frühjahr 1842 zurück. Seitdem hielt er sich beständig in Kopenhagen auf. Seine äußeren Umstände setzten ihn in den Stand, unabhängig zu leben; er war unverheiratet und führte ein einsames, stilles Leben, beschäftigt mit philosophischen und theologischen Studien und einer außerordentlich umfassenden schriftstellerischen Thätigkeit, bis er, zum Teil aufgerieben durch die innere Anstrengung seines Kampfes für das, was er als Wahrheit erkannt hatte, am 11. Nov. 1855 in dem Friedrichs-Hospitale starb.

Seine ganze Wirksamkeit kann nur verstanden werden, wenn sie als Kampf und Korrektiv gegen eine falsche Richtung des Zeitgeistes aufgefaßt wird: gegen jedes eitle Streben, welches in der Einbildung und mit dem Scheine, das Höchste schon ergriffen zu haben oder ihm nachzujagen, die Menschenseele um das Höchste betrügt, indem es sich daran genügen läßt, die Lebenswahrheit ästhetisch oder pekulativ oder politisch aufzufassen, und somit zu ihr nur in einem abstrakten Verhältnisse zu stehen, während der innerste Kern der Persönlichkeit von ihr unberührt und gegen sie gleichgültig bleibt. Als K. 1843 mit »Entweder – Oder« seine pseudonyme Schriftstellerei begann, hatte die Begeisterung für die Hegel'sche Philosophie fast die ganze litterarische Welt Dänemarks, namentlich die studierende Jugend, ergriffen. Dr. M a r t e n s e n, der als Professor der Theologie mit dem größten Beifall Vorlesungen hielt, war zu der Zeit wohl nicht frei von jener Überschätzung der Spekulation, die sich rühmte, den Glauben zum Wissen »erheben« zu wollen. Die jungen Theologen schaukelten sich lustig in den hohen Regionen des abstrakten Denkens und lebten der Einbildung, in ein paar Semestern in eine Weisheit eingeweiht werden zu können, welche die Erfahrung eines ganzen Lebens überflüssig mache. Dem eitlen Überfliegen der Wirklichkeit und ihrer heiligsten Angelegenheiten stellten K i e r k e g a a r d s pseudonyme Schriften die alte sokratische Unterscheidung dessen, was man weiß und dessen, was man nicht weiß, entgegen, und machten den G l a u b e n als das Höchste geltend, als dasjenige, worüber man so wenig hinwegeilen kann, indem man »weiter geht« (d. h. indem man auf dem Wege des Denkens weiterschreitet und den in dem ersten Stadium des Wissens verschwundenen Glauben als aufgehobenes Moment, als Glied des Systems, wiederfindet), daß vielmehr die Anstrengungen eines ganzen Menschenlebens nicht genügen, um zum Glauben zu gelangen, – daß man ihn nur gewinnt durch einen »Sprung kraft des Absurden«, durch einen Akt, in welchem der Mensch mit Aufgeben von allem, was sein eigen ist, sich der Gnade in die Arme wirft.

Indem K. mit scharfer Dialektik das Verhältnis des Glaubens zum objektiven Wissen, zur Spekulation und zum »System« beleuchtet, kommt er, was die Begreiflichkeit der Dogmen betrifft, zu einem ebenso negativen Resultat, wie B a y l e oder F e u e r b a c h. Aber darin ist er grundverschieden von diesen Zweiflern, daß er gerade in dieser Negation den Ausgangspunkt für eine neue und höhere Entwickelung findet. Statt mit F e u e r b a c h zu schließen: »das Wissen widerspricht dem Glauben, also ist der Glaube eine Illusion«, kehrt K. das Verhältnis um: »Gerade weil der Glaube das Absolute ist, ist er für die Vernunft ein Paradox«. Statt mit B a y l e bei dem allgemeinen Zugeständnis stehen zu bleiben, daß die geoffenbarte Wahrheit, obwohl sie unbegreiflich ist, Gegenstand des Glaubens sein müsse, und dann im übrigen es unentschieden zu lassen, inwiefern es nun auch dem Denker möglich sei, ohne Heuchelei und Selbstwiderspruch ein Gläubiger zu sein, strebt K., durch seine religiösen Schriften es in jeder Beziehung verständlich und psychologisch erklärlich zu machen, wie ein reflektierendes Bewußtsein die negativen Elemente der Kultur, Kritik und Philosophie in sich aufnehmen und dann doch die göttliche Überlegenheit der geoffenbarten Wahrheit erkennen und sich vor den Idealen des Evangeliums beugen könne.

Der K i e r k e g a a r d 'sche Standpunkt ist in der Kürze bezeichnet durch den Satz: d i e S u b j e k t i v i t ä t i s t d i e W a h r h e i t; oder: das Wie der Wahrheit ist gerade die Wahrheit. Dieser Satz steht bei K. nicht in Widerspruch damit, daß es keine subjektive Wahrheit gibt ohne Voraussetzung einer objektiven: ebenso wenig ist es seine Meinung, daß jedes Subjekt, jede noch so zufällige oder willkürliche Individualität berechtigt sein solle, da es im Gegenteil die ewige Wahrheit ist, die ausdrücklich als die absolute Subjektivität, als das Ziel der relativen, an sich unwahren Subjektivitäten anerkannt wird. Insofern die relative Subjektivität außerhalb der Wahrheit steht, ist ihr Zustand wesentlich Verzweiflung. Die Verzweiflung ist religiös verstanden »die Krankheit zum Tode«; es gilt nun zu entdecken, worin diese Krankheit bestehe, ihre verschiedenen Symptome zu erkennen, und zu zeigen, durch welche Mittel und unter welchen Bedingungen sie sich heilen läßt. – Daß die Subjektivität die Wahrheit ist, heißt zugleich, daß die Wahrheit die I n n e r l i c h k e i t ist; je mehr Wahrheit in einem Menschen ist, je tiefer seine Persönlichkeit, desto größer ist die Innerlichkeit. Die Prüfung der Wahrheit wird daher eine Prüfung der Persönlichkeit, eine Prüfung der Innerlichkeit. Als Bedingung der kräftigen Entwickelung der Subjektivität, Innerlichkeit und Persönlichkeit wird erfordert, daß jeder Mensch sich als »d e n E i n z e l n e n « wissen muß. Indem K. die Kategorie des Einzelnen« einschärft, zielt er polemisch auf die »Menge«, auf das »Numerische«, auf das egoistische Zusammenhalten der Charakterlosigkeit, die immer das Gesetz ihrer Existenz außer sich hat. Jeder Mensch ist, indem er »der Einzelne« ist, ursprünglich auf sich selbst und sein Verhältnis zu Gott gewiesen; das hindert nicht, daß er mit andern zusammenwirke, wenn nur jeder einzelne ursprünglich sich selbst und sein Ziel in's Auge faßt.

Jedoch kommt K. auf diese Weise dazu, – und hier liegt ein Grundfehler seiner ganzen Anschauung und seiner von ihr geleiteten Thätigkeit – die große Bedeutung der Gemeinschaft für den Glauben und das Christentum zu übersehen und zu verkennen. Das wahre Christentum kennt er nur unter der Form der Isolierung; der »Geistesmensch« unterscheidet sich von »uns Menschen« durch seine Kraft, die Isolierung ertragen zu können. » D a s C h r i s t e n - t u m i s t L e i d e n «: das Leiden des Hasses seiner selbst und der Welt, des Alleinseins mit Gott, des Alleinstehens gegenüber den Forderungen des Ideals und des Vorbildes. » D e r G l a u b e m u ß C h r i s t o g l e i c h z e i t i g w e r d e n «: d. h. ihn in seiner Erniedrigung und Verkennung dennoch als den Heiland erfassen, so wie die ersten Jünger es thaten, und in seinem eignen Leben das Leben Christi nachbilden. Jener Glaube, der an ihn zunächst um seiner Erhöhung willen glaubt, oder weil so viele Jahrhunderte bisher Christi Namen bekannt haben und also für ihn Zeugnis ablegen, ist kein Glaube zu nennen.

Allen bestehenden Formen der kirchlichen Gemeinschaft haftet daher auch eine wesentliche Unvollkommenheit an, und sie haben nur eine relative Berechtigung. Sie dürfen nur auf eine gewisse Anerkennung Anspruch erheben, wenn man sich dabei bewußt bleibt, wie weit man noch von der Erreichung des Ideales entfernt ist, und wie wenig man doch verträgt, mit diesem wahren Maßstabe gemessen zu werden. Will sich das bestehende Christentum, »das offizielle Christentum«, für eine dem Wesen entsprechende Gestaltung des Reiches Gottes ausgeben und sich durch die Zugehörigkeit zu ihm in seiner Selbstzufriedenheit beruhigen, so muß gegen dasselbe der gleiche Kampf geführt, die gleiche Einsprache zu gunsten der Wahrheit erhoben werden, wie gegen die Anmaßung der Spekulation. Die Auffassung vom Christentum, und die christlich heißende

Anregung, wie sie der Gegenwart eigen ist, darf nicht für anderes oder mehr genommen werden, als für eine Ruhe unter der Langmut Gottes, die er einem Geschlechte gewährt, welches durch den Übermut und den Leichtsinn mehrerer Generationen verweichlicht und erschlafft ist, in Bezug auf sein Verhältnis zum Ewigen. Darum halt K. der Zeit und dem dänischen Volke seiner Zeit einen Spiegel vor, in dem sie sich beschauen möge, damit sie ihrer Nacktheit und Blöße inne werde. Darum will er ihr das nötige Korrektiv hinstellen, damit gefühlt und anerkannt werde, daß Welt und Christentum scharf geschieden, daß jenes dieser durchaus ungleichartig sei, und damit die Zeit und der einzelne wenigstens in Demut spreche: Nicht daß ich's schon ergriffen hätte.

»Nie habe ich«, sagt er, »so gekämpft, daß ich gesagt hätte: ich bin der wahre Christ, die andern sind nicht Christen, oder wohl sogar Heuchler u. dgl. Nein, ich habe so gekämpft: ich weiß, was Christentum ist; meine Unvollkommenheit als Christ erkenne ich selbst – aber ich weiß was Christentum ist. Und zu diesem Wissen zu kommen, scheint mir in jedes Menschen Interesse sein zu müssen, er sei nun Christ oder Nicht-Christ, er beabsichtige, das Christentum anzunehmen oder es aufzugeben. – Die lange Zeit gebrauchte Taktik war: alles anzuwenden, um so viele wie möglich, womöglich alle, dazu zu bewegen, auf's Christentum einzugehen – aber dann es nicht so ganz genau damit zu nehmen, ob nun das, worauf man sie einzugehen bewog, wirklich Christentum war. Meine Taktik war: mit Gottes Beistand alles anzuwenden, um es klar zu machen, was in Wahrheit die Forderung des Christentums ist, – ob auch nicht ein einziger darauf eingehen wollte, ob ich's auch selbst hätte aufgeben müssen, Christ zu sein, was in solchem Falle öffentlich anzuerkennen ich mich für verpflichtet gehalten haben würde. Anderseits war meine Taktik diese: statt im entferntesten den Schein zu nähren, als ob doch solche Schwierigkeiten beim Christentum wären, daß eine Apologie von nöten würde, wenn wir Menschen darauf eingehen sollen, bemühte ich mich vielmehr, es der Wahrheit gemäß als etwas so unendlich Hohes darzustellen, daß die Apologie ganz anders wohin fällt. Es kommt uns zu gute, wenn wir uns Christen zu nennen wagen und die Apologie verwandelt sich in ein bußfertiges Bekenntnis, daß wir Gott danken, wenn wir uns nur selbst für Christen ansehen dürfen. Doch auch dies andere darf nicht vergessen werden. Ebenso streng wie das Christentum ist, ebenso milde ist es auch, d. h. unendlich milde. Wenn die unendliche Forderung gehört und zur Geltung gebracht ist, dann bietet sich die » G n a d e « dar, zu welcher dann der einzelne, ein jeder für sich, wie ich es thue, seine Zuflucht nehmen kann, und dann geht es wohl. Und es ist doch keine Übertreibung, wenn die unendliche Forderung in ihrer Unendlichkeit dargestellt wird, was ja zugleich im Interesse der »Gnade« ist; es ist nur, in anderer Hinsicht, Übertreibung, wenn die Forderung allein dargestellt wird und von der Gnade gar nicht die Rede ist. Dagegen heißt es, das Christentum auf Mutwillen ziehen, wenn die »unendliche« Forderung verendlicht oder wohl gar ganz ausgelassen, und die »Gnade« o h n e w e i t e - r e s angebracht wird, welches ja bedeutet, daß sie auf Mutwillen gezogen wird. – Aber nie habe ich im entferntesten Miene gemacht, die Sache in pietistischer Strenge behandeln zu wollen, die meinem Wesen fremd ist, oder die Existenzen übermäßig anstrengen zu wollen, was den Geist in mir betrüben würde. Nein. Wozu ich habe beitragen wollen, das ist, mit Hilfe von Zugeständnissen womöglich etwas mehr W a h r h e i t in diese (in Hinsicht darauf, ein ethisch-religiöser Charakter zu sein, für die Wahrheit leiden zu wollen u. dgl.) unvollkommeneren Existenzen, wie wir sie führen, hineinzubringen, welches doch immerhin etwas, und in jedem Falle die erste Bedingung ist, um dazu zu kommen, tüchtiger zu existieren.«

So redet denn K. als ein christlicher Sokrates zu seiner Zeit, in der er wie ein Fremder, wie eine einsame Gestalt dasteht, während er doch an ihren höheren Angelegenheiten sich mit allem Interesse beteiligt und ihre Bewegungen mit dem scharfen Blicke eines Beobachters, mit der allzeit wachen Aufmerksamkeit eines Spähers verfolgt. –

S. K i e r k e g a a r d ist ein Meister in allen Arten und Formen der Darstellung. Er unterscheidet scharf zwischen drei eigentümlichen Lebensanschauungen: einer ä s t h e t i s c h e n (im weiteren Sinne), der nach außen gerichteten, deren Ziel wesentlich Genuß ist; einer e t h i s c h e n, deren Aufgabe er wesentlich als Pflichterfüllung und gemütliches Dasein faßt; und einer r e l i g i ö s e n, deren absoluter Inhalt der Glaube ist. Jeder dieser Lebensanschauungen entspricht eine eigentümliche Existenz, oder kann ihr wenigstens entsprechen. Nur in einer derselben kann man zu gleicher Zeit existieren. Freilich kann dieselbe Individualität ästhetische, ethische und religiöse Elemente in ihrem Charakter haben, und zwar desto mehr, je reicher ihre Anlage und je allseitiger ihre Entwickelung ist: aber auf einmal beides als Ästhetiker und als Ethiker und als Glaubenszeuge zu existieren, oder, was dasselbe ist, das Zentrum seines Lebens auf einmal im Ästhetischen und Ethischen und Religiösen zu haben, das ist eine Unmöglichkeit, weil es ein Widerspruch ist. – Nun will K. den existentiellen Unterschied zwischen dem genießenden Ästhetiker, dem handelnden Ethiker und dem an Gott sich hingebenden religiösen Menschen durch entsprechende Charakteranalysen in's klarste Licht stellen; und um jedem Standpunkt sein Recht widerfahren zu lassen, entwickelt er nicht nur Stimmungen und Anschauungen, zu denen er sich nicht selbst bekennen kann, sondern läßt auch die fremde Existenz so selbständig auftreten und so das Wort führen, daß er einen fremden Verfasser fingiert und den wirklichen ganz hinter denselben zurücktreten läßt. Dies der Grund, warum so viele seiner Schriften pseudonym sind, andere halb pseudonym (indem er sich als Herausgeber nennt, wo er wohl mit der ganzen dargestellten Geistesrichtung in Übereinstimmung steht, aber nicht geradezu sich die entsprechende Existenz vindizieren und daher nicht wie in seinem eigenen Namen reden kann), während andere endlich seinen eignen Namen tragen.

Von Anfang an hat er das eine Ziel, »auf das Religiöse, das Christliche a u f m e r k s a m z u m a c h e n«, doch nicht in der Weise eines Apostels, der »Gewalt hat«, sondern nur in der Weise, daß er auf die Aufgabe hinweist, und es einem jeden überläßt, den gegebenen Wink zu verstehen, und sich selbst zu der rechten Erfassung hindurchzuarbeiten. Darum beginnt er, wie er selbst sagt, »mäeutisch«, mit der Darstellung des Ästhetischen, worin die meisten befangen sind, will auf diese Weise die Aufmerksamkeit fesseln, und dann den inneren Widerspruch dieser Lebensanschauung, in der man sich selbst verliert, weil man sich an die Außenwelt hingibt, zum Bewußtsein bringen, um von dem Ästhetischen hinweg, d u r c h das Ethische hindurch, z u m Religiösen hinzuführen. Letzteres »wird so, schnell eingeführt, daß diejenigen, welche, vom Ästhetischen bewegt, ihm zu folgen beschließen, plötzlich mitten in den entscheidenden christlichen Bestimmungen stehen, veranlaßt, wenigstens aufmerksam zu werden«. So will er durch »indirekte

Mitteilung« in die Wahrheit hineinlocken und dem Sinnenbetrug, der von Anfang an da ist, daß man nämlich in der Christenheit sein, selbstverständlich als gleich erachte mit Christ sein, entgegenarbeiten. Nebenher aber geht in den erbaulichen Reden die »direkte Mitteilung«, die später, nachdem die Pseudonymen ihr Ziel erreicht haben, die allgemein herrschende wird. Und diese letztere möchte doch auch die am meisten fruchtbringende sein.

Wir nennen hier nur die wichtigsten seiner vielen Schriften. In »Entweder – Oder, ein Lebensfragment von Victor Eremita« (1842) stellt K. mit seiner psychologischer Charakterzeichnung ein ästhetisches und ethisches Lebensbild neben einander und hebt den Gegensatz beider Richtungen aufs stärkste hervor. Eins von beiden: die unklare Mischung ist Charakterlosigkeit. In »Furcht und Zittern, dialektische Lyrik von Johannes *de silentio*« (1843) erhebt sich der Pseudonymus kühn und sicher zu den höchsten Regionen des Lebens, um dann wieder einen scharfen Blick in die geheimen Tiefen der Seele zu werfen in dem »Begriff Angst, simple psychologisch hinweisende Erwägung in Beziehung auf das Problem der Erbsünde, von Vigilius Hafniensis« (1844). In den »Stadien auf dem Wege des Lebens, Studien von Verschiedenen zusammengebracht, zum Druck befördert und herausgegeben von Hilarius Buchbinder« (1845) werden wieder die verschiedenen Grundrichtungen dargestellt, und namentlich der Seelenkampf des Religiösen, der mit der Welt brechen muß, gezeichnet. – Die großen Probleme und Aufgaben des Christentums werden eingeschärft in den halbpseudonymen Schriften, die den Namen des Climacus tragen: jener, dessen Existenz noch außerhalb des Christentums fällt, hat seinen Standpunkt eine Stufe tiefer, dieser, der aus religiöser Erfahrung und als Bußprediger redet, hat seinen Standpunkt eine Stufe höher als der wirkliche Verfasser, der sich deshalb auch nur als Herausgeber bezeichnet hat. Es sind folgende: »Philosophische Bissen oder ein Bischen Philosophie, von Johannes Climacus, herausgegeben von S. K i e r k e g a a r d « (1844); »Abschließende unwissenschaftliche Nachschrift zu den philosophischen Bissen, von H. Climacus, herausgegeben von S. K.« (1846); die »Krankheit zum Tode, eine christliche psychologische Entwickelung, von Anti-Climacus, herausgeg. von S. K.« (1849); »Einübung im Christenthum, von Anti-Climacus, herausgegeben von S. K.« (1850). – Die nicht pseudonymen Schriften endlich sind meist erbaulichen Inhalts: eine ziemliche Anzahl Reden in verschiedenen Heften (1843–1851), von denen aber die wenigsten wirklich gehalten sind; »erbauliche Reden in verschiedenem Geiste« (1847); »die Werke der Liebe, einige christliche Erwägungen in der Form der Rede« (1847); »christliche Reden« (1848); endlich das vorliegende Büchlein (1851). Über sein gesamtes Wirken hat sich K. selbst ausgesprochen in der Schrift: »über meine Thätigkeit als Schriftsteller« (1851); und in »der Gesichtspunkt für meine Thätigkeit als Schriftsteller, eine direkte Mitteilung, Rapport an die Geschichte« (nach seinem Tode 1859 herausgegeben).

S. K. zeigt, wo er theoretische Untersuchungen anstellt, eine überaus reiche Reflexion, die fast alle Erscheinungen des Lebens und alle psychologischen Rätsel in ihren Kreis zieht, eine scharfe unermüdliche, obwohl oftmals verwickelte Dialektik, und eine große Gewandtheit der wechselnden Darstellungsformen. Er spielt und glänzt vielfach mit Witz, Satire, Ironie und Humor, doch so, daß die tiefen, ernsten Grundakkorde je und je hindurch gehört werden, und er sich stets mit Ehrfurcht vor dem Christlichen als dem höchsten Phänomen und dem höchsten Ziele des Lebens beugt. In den Schriften mehr unmittelbar praktischer Tendenz redet er mit gewaltigem Ernste, in schlagenden Beispielen und treffenden Bildern (die allerdings mitunter unschön werden, gleichwie seine Vorliebe für Wortspiele zuweilen ermüdet), und sucht den Lesern so nahe zu kommen, so kräftig auf sie einzudringen, wie nur möglich, um sie nicht entschlüpfen zu lassen, sondern im Gewissen zu packen: um sie aus ihrer Lauheit, Gemächlichkeit, Selbstzufriedenheit aufzurütteln, vor falschem Vertrauen auf die Gnade zu warnen und zur Buße und Bekehrung aufzufordern. –

Während K. bisher nur bei einem Teile der philosophisch und theologisch Gebildeten, und, was seine erbaulichen Schriften betrifft, bei tieferen Gemütern Aufmerksamkeit und Beachtung gefunden hatte – wie denn vielleicht erst der Zukunft ein völligeres Verständnis seiner Schriften aufbehalten ist – so führte er den Kampf, den er als seine Lebensaufgabe betrachtete, in seinem letzten Lebensjahre auf eine Weise, die wenigstens die allgemeinste und lebhafteste Aufmerksamkeit auf ihn lenkte. Der hochverdiente Bischof von Seeland, Dr. J. P. M y n s t e r , war am 30. Januar 1854 gestorben, und sein Nachfolger, Dr. M a r t e n s e n , hatte ihm in der

Gedächtnisrede das wärmste Lob gespendet, ihn als »Wahrheits-zeugen«, als Glied der heiligen Kette der Apostel und Märtyrer und der Zeugen aus allen Jahrhunderten bezeichnet. S. K. glaubte sich verpflichtet, hiergegen die schärfste Einsprache zu erheben, indem er meinte, man dürfe nicht auf diese Weise einen Geistlichen mit dem höchsten Maßstabe messen, ohne zugleich den Abstand zwischen den Forderungen dieses Maßstabes und der Persönlichkeit, an welche man ihn gerade anlege, hervorzuheben, so sehr er auch früher gerade dem ehrwürdigen M y n s t e r Ehrerbietung gezollt hatte. Da das Christentum zu der Welt im entschiedensten Gegensatz und Widerspruch stehe, und das Vorbild, der Sohn Gottes, in Armut und Niedrigkeit, in Verachtung und Verkennung und Leiden auf Erden gewandelt habe, so könne von einem »Wahrheits-zeugen,« von einem »Gliede der heiligen Kette« nur da die Rede sein, wo das Leben eines Menschen wirklich dieses ausdrücke, daß es der Welt ungleichartig sei, während dagegen das Leben des verstorbenen Bischofs in gutem Einvernehmen mit der Welt, mit ihrer Herrlichkeit, Macht und Ehre verlaufen sei. Durch solches Menschenlob also betrüge und belüge sich die Zeit, als ob sie dem Ideal genüge, und als ob das »bestehende Christentum« nicht bloß relative, sondern absolute Berechtigung habe: sie mache das Christentum der Welt gleichartig, d.h. sie schaffe das Christentum ab.

So wurde dieser Fall für K. Veranlassung, nicht bloß den einzelnen Geistlichen, sondern die Geistlichkeit überhaupt und das »offizielle Christentum« in Flugschriften, die für die Masse berechnet waren oder deren Polemik wenigstens von ihr nur zu gut verstanden und nur zu beifällig aufgenommen wurde, mit der maßlosesten Heftigkeit und Leidenschaftlichkeit anzugreifen. Die Geistlichen seien ihrem Berufe untreu geworden, insgesamt Wölfe in Schafskleidern; das »bestehende Christentum« sei nicht das des N. T., sondern diene nur, die Seelen in Schlaf zu wiegen und drohe sie um ihre Seligkeit zu betrügen; wer am öffentlichen Gottesdienste nicht teilnehme, habe doch immer eine Sünde weniger auf dem Gewissen u.s.w. Diese und ähnliche Sätze wurden namentlich im »Augenblick, Nr. 1-9« (1855)[1] unters Publikum hinausgeschleudert. Natür-

---

[1] Ungenießbar und stümperhaft in's Deutsche übersetzt unter dem Titel: »Christentum und Kirche (der Augenblick)«. Altona, bei Hestermann, 1861.

lich wurden sie von verschiedenen Seiten bekämpft, man beteiligte sich für und wider, und es entstand eine ganze Litteratur von Zeitungsartikeln und Broschüren. Mitten in der Hitze des Kampfes starb der Anführer, dessen Kraft erschöpft war, und das Geschrei des Streites verstummte allmählich.

Was an K i e r k e g a a r d s Behauptungen Wahres war, hat, so weit sein Wort reichte, nicht verfehlt, manche der Diener der Kirche wie der jüngeren Theologen dazu zu führen, die hohe Verantwortlichkeit des geistlichen Amtes mehr zu fühlen, sich ernster auf ihre Aufgabe zu besinnen und der Erfüllung derselben nachzutrachten.

Wolle der Herr auch deutschen Lesern diese Blätter zum Segen gereichen lassen!

Vorwort.

Mein lieber Leser! lies, wo möglich, laut! Thust Du es, laß mich Dir dafür danken; thust Du es nicht nur selbst, sondern bewegst auch andere dazu, laß mich jedem von ihnen danken, und Dir noch einmal und abermal! Du wirst, wenn Du laut liesest, am stärksten den Eindruck bekommen, daß Du es einzig mit Dir selbst zu thun hast, nicht mit mir, der ja »ohne Gewalt«[2] ist, auch, nicht mit andern, was Zerstreuung sein würde.

August 1851.

S. K.

*

»Dieweil wir denn wissen, daß der Herr zu fürchten ist, fahren wir schön mit den Leuten« (2 Kor. 5, 11). Denn gleich damit anzufangen oder z u e r s t , Menschen gewinnen zu wollen, das ist vielleicht sogar Gottlosigkeit, jedenfalls weltliche Sinnesart, nicht Christentum, so wenig wie es Furcht Gottes ist. Nein, laß Dein Streben z u e r s t , laß es zuerst und vor allem ausdrücken daß Du Gott fürchtest. – Danach habe ich, gestrebt.

Aber Du, o Gott, laß mich nie vergessen, daß, ob ich auch nicht einen einzigen Menschen gewönne – wenn nur mein Leben (denn

---

[2] D. i. ohne amtliche Gewalt. A. d. Ü.

die »Versicherung« des Mundes ist trügerisch!) ausdrückt, daß ich Dich fürchte: dies heißt: »Alles gewonnen!« Und daß dagegen, ob ich alle Menschen gewönne – wenn mein Leben (denn die »Versicherung« des Mundes ist trügerisch!) nicht ausdrückt, daß ich Dich fürchte: dies heißt: »Alles verloren!«

Im Sommer 1851.

Eine Vorbemerkung.

Es gibt ein Wort, welches mir öfter in den Sinn gekommen ist, das Wort eines Mannes, dem ich zwar in Rücksicht auf das Christentum gewiß nichts zu verdanken habe – es war ja ein Heide – dem ich aber doch persönlich sehr viel zu verdanken glaube; eines Mannes, der auch unter Verhältnissen lebte, die, nach meinem Dafürhalten, ganz den Verhältnissen unserer Zeit entsprachen: ich meine den einfältigen Weisen des Altertums. Von ihm wird erzählt, daß, als er vor dem Volke angeklagt war, ein Redner zu ihm kam, der ihm eine sorgfältig ausgearbeitete Verteidigungsrede überreichte mit der Bitte, davon Gebrauch zu machen. Der einfältige Weise nahm und las sie. Darauf gab er sie dem Redner zurück und sagte: das ist eine hübsche und gut ausgearbeitete Rede; also nicht weil die Rede verfehlt, weil sie schlecht gewesen wäre, gab er sie zurück; aber fuhr er fort, ich bin nun siebzig Jahre alt geworden, so dünkt mich, es zieme sich nicht für mich, von der Kunst eines Redners Gebrauch zu machen. Was meinte er? Er meinte erstens: mein Leben ist zu ernst, als daß ihm damit gedient sein könnte, von der Kunst eines Redners unterstützt zu werden; ich habe ein Leben daran gesetzt; auch wenn ich nicht zum Tode verurteilt werde, habe ich doch ein Leben daran gesetzt, und im Dienste des Gottes habe ich meinen Auftrag ausgerichtet: laß mich denn nun nicht im letzten Augenblick den Eindruck meiner selbst und meines Lebens mit Hilfe von Kunstrednern oder Rednerkünsten zu nichte machen. Demnächst meinte er: die Gedanken, Vorstellungen, Begriffe, die ich nun zwanzig Jahre lang, denn so lange war es, von jedem gekannt, von euren Lustspieldichtern lächerlich gemacht, für einen Sonderling angesehen, von »Namenlosen« angegriffen, in der Unterredung mit dem ersten besten auf dem Markte entwickelt habe – diese Gedanken sind mein Leben, haben mich früh und spät beschäftigt; haben sie niemand anders beschäftigt, mich haben sie unendlich beschäftigt; und wenn ich, was eure besondere Aufmerksamkeit auf sich gezogen hat, mitunter einen ganzen Tag habe stehen und vor mich hinstarren können, so waren es diese Gedanken, die mich beschäftigten: so denke ich denn auch, daß ich ohne Hilfe von Kunstrednern und Rednerkünsten, falls ich überhaupt am Gerichtstage etwas zu sagen gedenke, ein paar Worte werde sprechen können; denn der Umstand, daß ich mutmaßlich zum Tode verurteilt werde, thut nichts zur Sache; was ich sage, wird natürlich dasselbe sein und über dasselbe und auf dieselbe Weise werde ich reden, wie bisher, und so wie ich eben gestern mit einem Gerber auf dem Markte sprach; die paar Worte denke ich wohl ohne Vorbereitung oder den Beistand anderer sprechen zu können. Es versteht sich, daß ich nicht ganz unvorbereitet bin; ich habe mich zwanzig Jahre lang vorbereitet, und ganz ohne Beistand bin ich auch nicht, da ich auf den Beistand des Gottes rechne. Aber, wie gesagt, die paar Worte ... ja, ich läugne nicht, es kann auch weitläufiger werden; wenn ich noch zwanzig Jahre zu leben hätte, würde ich fortfahren können, über dasselbe zu reden, worüber ich beständig geredet habe; aber Kunstredner und Rednerkünste sind nichts für mich. – O Du Ernster! Verkannt mußtest Du den Giftbecher leeren! Du wurdest nicht verstanden. So starbst Du denn. Mehr als zweitausend Jahre bist Du bewundert worden; »aber ob ich wohl verstanden bin?« es ist wahr!

Und nun predigen! Sollte das nicht auch so ernst sein! Wer predigen will, soll in den christlichen Gedanken und Vorstellungen leben, sie sollen sein tägliches Leben sein – wenn dem so ist, so wirst Du, nach der Meinung des Christentums, Beredsamkeit genug haben, und gerade die Beredsamkeit, die erfordert wird, um frischweg und ohne besondere Vorbereitung zu reden. Unwahre Beredsamkeit ist es dagegen, wenn jemand, ohne sich im übrigen mit diesen Gedanken zu beschäftigen, ohne darin zu leben, sich mitunter einmal erst hinsetzt und mühsam solche Gedanken, vielleicht auf dem Felde der Litteratur, sammelt, und sie darauf zu einer wohl durchdachten Rede verarbeitet, die dann vortrefflich auswendig gelernt und vortrefflich gehalten wird, sowohl hinsichtlich der Stimme und des Vortrags, als hinsichtlich der Armbewegungen. Nein, wie man in gut eingerichteten Häusern nicht die Treppen hinunterzusteigen braucht, um Wasser zu holen, sondern es mittels Hochdrucks schon oben hat und bloß den Hahn umdreht, so ist derjenige ein echt christlicher Redner, der, weil das Christliche sein Leben ist, in jedem Augenblick die Beredsamkeit, eben die wahre Beredsamkeit, gegenwärtig, gerade bei der Hand hat; – doch folgt es natürlicherweise von selbst, daß hiermit nicht den Schwätzern der Ehrenplatz angewiesen werden soll, ob es auch noch so gewiß ist, daß sie ohne Vorbereitung schwatzen. Ferner, die Schrift sagt: Ihr sollt allerdinge nicht schwören, eure Rede sei Ja und Nein, was darüber ist, das ist vom Übel: so gibts auch eine Kunst der Beredsamkeit, die vom Übel ist, wenn sie zum Höchsten gemacht wird, da sie das Niedere ist. Denn die Predigt soll nicht entzweiend die Scheidung zwischen den Begabten und den nicht Begabten befestigen, sie soll in des Heiligen Geistes Einigkeit die Aufmerksamkeit einzig und allein darauf lenken, daß gethan werde nach dem Gesagten. Du Einfältiger – und wärest Du auch der von allen Beschränkteste – wenn Dein Leben das Wenige ausdrückt, was Du verstanden hast: Du redest mächtiger, als aller Redner Beredsamkeit! Und Du, o Weib, ob Du auch ganz verstummest in lieblichem Schweigen – wenn Dein Leben ausdrückt, was Du hörtest: Deine Beredsamkeit ist mächtiger, wahrer, überzeugender, als aller Redner Kunst!

So ist es. Aber laßt uns achtgeben, daß wir nicht zu hoch greifen; denn daraus, daß es wahr ist, folgt noch nicht, daß wir es zu thun vermögen. Und Du, mein Zuhörer, Du wirst bedenken, das das Religiöse, je höher genommen, desto strenger wird; aber daraus folgt nicht, daß Du es tragen kannst; Dir würde es vielleicht sogar zum Ärgernis und zum Verderben gereichen. Vielleicht bedarfst Du gerade diese niedere Form des Religiösen, daß eine gewisse Kunst auf die Darstellung verwandt wird, um es anziehender zu machen. Des streng Religiösen Leben ist wesentlich H a n d l u n g – und seine Darstellung ganz anders anpackend und fassend als die sorgfältiger ausgearbeitete Rede. Mein Zuhörer, bist Du dieser Meinung, so nimm dies hin und lies es zu Deiner Erbauung. Nicht wegen meiner Vollkommenheit und nicht wegen Deiner Vollkommenheit ist die Rede so ausgearbeitet, im Gegenteil, dies ist, geistlich verstanden, eine Unvollkommenheit und Schwäche. Ich bekenne, und sogar Dir, meine Schwäche; nicht wahr, da wirst Du auch, – nicht mir, nein, nein, das wird ja gar nicht einmal von Dir verlangt, – aber Dir selber und Gott die Deinige bekennen. Ach, wir, die wir uns doch Christen nennen, wir sind, christlich verstanden, so verweichlicht, so weit davon entfernt, das zu sein, was das Christentum doch von denen fordert, die sich Christen nennen wollen: der Welt abgestorben, – kaum haben wir wohl einmal eine Vorstellung von solchem Ernst; wir können noch nicht des Künstlerischen und seiner mildernden Wirkung entbehren, ihm entsagen, können nicht den wahren Eindruck der Wirklichkeit ertragen: nun, so laßt uns wenigstens aufrichtig sein und dieses bekennen. Versteht jemand vielleicht nicht gleich, was ich hier sage und meine: er sei langsam zu urteilen, er gebe Zeit, wir werden wohl näher auf die Sache kommen. Wer Du auch seiest, o habe Zutrauen, gib Dich hin; es kann ja nicht die Rede davon sein, daß ich Gewalt brauchen könnte, ich, der ohnmächtigste von allen, aber es soll auch nicht die geringste Überredung oder List oder Lockung angewandt werden, um Dich vielleicht so weit hinauszuführen, daß es Dich verdrießen möchte, Dich hingegeben zu haben (was doch gewiß eigentlich nicht der Fall sein dürfte, und, wenn Dein Glaube größer wäre, es auch nicht sein würde); glaube mir (ich sage es zu meiner eigenen Beschämung), auch ich bin nur allzu verweichlicht.

Ep. St. Jakobi Kap. 1, V. 22-27.

Seid aber Thäter des Worts, und nicht Hörer allein; damit Ihr Euch selbst betrüget. Denn so jemand ist ein Hörer des Worts und nicht ein Thäter, der ist gleich einem Manne, der sein leibliches Angesicht im Spiegel beschauet: denn nachdem er sich beschauet hat, geht er von Stund an davon, und vergißt, wie er gestaltet war. Wer aber durchschauet in das vollkommene Gesetz der Freiheit, und darinnen beharret, und ist nicht ein vergeßlicher Hörer, sondern ein Thäter, derselbe wird selig sein in seiner That. So aber sich jemand unter Euch lasset dünken, er diene Gott und hält seine Zunge nicht im Zaum, sondern verführt sein Herz, des Gottesdienst ist eitel. Ein reiner und unbefleckter Gottesdienst vor Gott dem Vater ist der: Die Witwen und Waisen in ihrer Trübsal besuchen, und sich von der Welt unbefleckt erhalten.

Gebet.

Vater im Himmel! Was ist der Mensch, daß Du sein gedenkest, und des Menschen Kind, daß Du Dich seiner annimmst –und in jeder Weise, in jeder Hinsicht! Wahrlich, in nichts hast Du Dich unbezeugt gelassen; und zuletzt gabst Du ihm Dein Wort. Mehr konntest Du nicht thun; ihn zwingen, es zu benutzen, zu lesen oder zu hören, danach zu thun, das konntest Du nicht wollen. O, und doch thust Du mehr. Denn nicht bist Du wie ein Mensch; der gibt selten etwas umsonst, und gibt er etwas umsonst, so will er wenigstens keine Mühe davon haben. Dagegen Du, o Gott, Du gibst Dein Wort als eine Gabe, das thust Du, unendlich Erhabener – und wir Menschen haben nichts zum Entgelt zu geben. Und findest Du dann nur einige Willigkeit bei dem einzelnen, da bist Du gleich bereit, und bist zuerst der, der mit mehr als menschlicher, ja mit göttlicher Geduld sitzt und mit dem einzelnen buchstabiert, daß er das Wort recht verstehen möge; und dann bist Du demnächst der, der wieder mit mehr als menschlicher, ja mit göttlicher Geduld, ihn gleichsam an der Hand faßt und ihm hilft, wenn er strebt, danach zu thun – Du unser Vater im Himmel!

*

Die Zeiten sind verschieden; und, obschon es oft mit den Zeiten geht, wie mit einem Menschen: er verändert sich ganz, aber es bleibt ebenso arg mit ihm, nur in neuer Weise: so ist's doch gleichwohl wahr, daß die Zeiten verschieden sind, und verschiedene Zeiten fordern Verschiedenes.

Es gab eine Zeit, wo das Evangelium, die »Gnade«, in ein neues Gesetz verwandelt war, strenger gegen die Menschen, als das alte. Alles war peinlich, knechtisch und unlustig geworden, fast als wäre – trotz dem Gesang der Engel beim Kommen des Christentums – keine Freude mehr weder im Himmel noch auf Erden. In kleinlicher Selbstquälerei hatte man – so rächt sich das! – Gott ebenso kleinlich gemacht. Man ging ins Kloster, man blieb da – ja, es ist wahr, es war freiwillig, und doch war es Knechtschaft, denn es war nicht in Wahrheit freiwillig, man war nicht ganz einig mit sich selbst, nicht froh darüber, dort zu sein, nicht frei; doch hatte man auch nicht Freudigkeit, es sein zu lassen oder das Kloster wieder zu verlassen und frei zu werden. Alles war W e r k geworden. Und wie von ungesunden Auswüchsen verdorben, von Heuchelei, eingebildeter Verdienstlichkeit, Müssiggang! Gerade darin lag der Fehler, nicht so sehr in den Werken. Denn laßt uns nicht übertreiben, nicht den Irrtum einer vergangenen Zeit zu neuem Irrtum benutzen. Nein, nehmt diese Ungesundheit und Unwahrheit weg von den Werken, und laßt uns dann nur die Werke behalten in Aufrichtigkeit, in Demut, in heilbringender Thätigkeit. So sollte es nämlich mit diesen

Werken sein, wie wenn ein kriegerischer Jüngling angesichts eines gefahrvollen Unternehmens selbst freiwillig kommt und den Obersten bittet: »o darf ich da nicht auch mitgehen!« Wenn auf diese Weise ein Mensch zu Gott sagen würde, »o, darf ich nicht all meine Güter den Armen geben; nicht, daß es etwas Verdienstliches sein sollte, nein, nein, ich erkenne tief gedemütigt, daß, wenn ich einmal selig werde, ich es dann aus Gnaden werde ganz wie der Missethäter am Kreuze, aber darf ich's nicht thun, damit ich ganz für die Ausbreitung des Reiches Gottes unter meinen Mitmenschen wirken könne?« – dann, ja dann ist dies, daß ich mit Luther rede, trotz dem Teufel, den Blättern, dem geehrten Publikum, denn des Papstes Zeit ist ja jetzt vorbei, trotz aller klugen Männer und Frauen verständigen, geistlichen und weltlichen Einwendungen, dann ist dies Gott wohlgefällig. Aber so war es nicht in der Zeit, von der wir reden.

Da trat ein Mann auf, Martin Luther, von Gott gesandt und mit dem Glauben; mit dem Glauben, denn wahrlich, dazu war Glaube notwendig, oder durch Glauben setzte er den Glauben in seine Rechte ein. Sein Leben drückte die Werke aus, laßt uns das nie vergessen, aber er sagte: ein Mensch wird selig a l l e i n   d u r c h   d e n G l a u b e n. Die Gefahr war groß. Wie groß sie in Luthers Augen war, dafür weiß ich keinen stärkeren Ausdruck, als daß er beschloß: um Ordnung in die Sache zu bringen, muß der Apostel Jakobus zur Seite geschoben werden. Denke Dir Luthers Ehrfurcht vor einem Apostel – und dann dies wagen zu müssen, um den Glauben zu seinem Rechte zu verhelfen!

Indessen, was geschah? Es gibt beständig eine weltliche Sinnesart, die wohl den Namen eines Christen haben will, aber um so billigen Preis wie möglich Christ zu werden wünscht. Diese weltliche Sinnesart wurde aufmerksam auf Luther. Sie hörte, – aus Vorsicht hörte sie noch einmal, daß sie nicht falsch gehört haben möchte, darauf sagte sie: »vortrefflich, das ist etwas für uns; Luther sagt, es kommt allein auf den Glauben an; daß sein Leben die Werke ausdrücke, fügte er selbst nicht, und da er nun tot ist, so hat das nichts mehr zu bedeuten. Also nehmen wir sein Wort, seine Lehre – und wir sind frei von allen Werken. Es lebe Luther! wer nicht liebt Weib, Wein und Gesang, der bleibt ein Narr sein lebenlang. Das ist die Bedeutung des Lebens Luthers, dieses Mannes Gottes, der das Christentum zeitgemäß reformierte.« Und ob auch nicht alle ganz so weltlich mit Luthers Wort leichtfertig umgingen – es ist in jedem Menschen eine Geneigtheit vorhanden, entweder, wenn die Werke auch bleiben sollen, ein Verdienst haben zu wollen, o d e r , wenn Glaube und Gnade geltend gemacht werden sollen, dann auch, so weit möglich, ganz von den Werken frei sein zu wollen. Der Mensch, diese vernünftige Kreatur Gottes, läßt sich wahrlich nicht zum besten haben, ist nicht wie ein Bauer, der zu Markt kommt, er sieht sich vor. Nein, »eins von beiden«, sagt der Mensch, »sollen's die W e r - k e sein, wohl, dann muß ich mir auch den mir gesetzlich zukommenden Vorteil von meinen Werken ausbitten, daß sie verdienstlich sind. Soll's die G n a d e sein, wohl, dann muß ich auch bitten, daß ich von den Werken frei werde, sonst ist's ja nicht Gnade. Sollen's Werke sein und gleichwohl Gnade, das ist ja Tollheit.« Ja wohl ist es Tollheit, das war das wahre Luthertum auch, es war ja Christentum. Die Forderung des Christentums ist: Dein Leben solle so angestrengt wie möglich die Werke ausdrücken; dann wird noch eins gefordert, daß Du Dich demütigst und bekennst: aber es ist gleichwohl Gnade, daß ich selig werde. Man verabscheute den Irrtum des Mittelalters: das Verdienstliche. Wenn man tiefer in die Sache hineinblickt, wird man leicht sehen, daß man eine vielleicht noch höhere Vorstellung davon hatte, daß die Werke verdienstlich seien, als das Mittelalter; aber man brachte die »Gnade« so an, daß man sich von den Werken freisprach. Wenn man dann die Werke abgeschafft hatte, konnte man doch nicht leicht in die Versuchung kommen, die Werke, die man nicht that, für etwas Verdienstliches anzusehen. Luther wollte die Werke der »Verdienstlichkeit« berauben und sie in eine andere Stellung bringen, nämlich so, daß sie für die Wahrheit des Glaubens zeugen sollten; die weltliche Sinnesart aber, die Luther aus dem Grunde verstand, nahm die Verdienstlichkeit fort – samt den Werken.

Und wo sind wir jetzt? Ich bin »ohne Gewalt«;[3] fern sei es von mir, einen einzigen zu richten. Aber da ich doch diese Sache aufgeklärt wünsche, so will ich mich selbst vornehmen und mein Leben prüfen nach nur einer lutherischen Aussage über den Glauben: »der Glaube ist ein unruhig Ding«. Ich nehme denn an, daß Luther aus seinem Grabe aufgestanden ist; daß er schon mehrere Jahre, aber

---

[3] D. h. ohne Amtsgewalt, keiner von den angestellten Geistlichen.

ungekannt, unter uns gelebt hat; daß er auf das Leben geachtet hat, welches von uns geführt wird, und, wie auf alle anderen, so auch auf mich aufmerksam gewesen ist. Ich nehme an, daß er nun eines Tages mich anredet und sagt: »bist Du ein Gläubiger, hast Du den Glauben?« Jeder, der mich als Schriftsteller kennt, wird wissen, daß ich doch vielleicht der wäre, der von allen am besten durch ein solches Examen kommen würde, denn ich habe ja beständig gesagt: »ich habe den Glauben nicht«, – wie ein Vogel, der angstvoll flieht vor einem Unwetter, so habe ich ausgedrückt, daß ich Unrat merke, »ich habe den Glauben nicht«. Dies könnte ich also Luther sagen, ihm sagen: nein, lieber Luther, ich bin doch so ehrerbietig zu sagen: »ich habe den Glauben nicht«. Doch das will ich nicht geltend machen, sondern, wie alle anderen sich Christen und Gläubige nennen, so will ich auch sagen: »ich bin ein Gläubiger«, denn sonst erhalte ich ja über das keine Aufklärung, was ich aufgeklärt wünsche. Also ich antworte: »ja, ich bin ein Gläubiger«. »Wie«, antwortet Luther, »davon habe ich Dir nichts angemerkt, und ich habe doch auf Dein Leben geachtet. Du weißt, der Glaube ist ein unruhig Ding. Wo hat der Glaube, von dem Du sagst, daß Du ihn habest, Dich unruhig gemacht; wo hast Du für die Wahrheit gezeugt und wo gegen die Unwahrheit; welche Opfer hast Du gebracht, was von Verfolgung erlitten für Dein Christentum; und daheim in Deinem häuslichen Leben, wo ist Deine Selbstverläugnung und Entsagung zu merken gewesen?« »Ja, aber, lieber Luther, ich kann Dir versichern, ich habe den Glauben.« »Versichern, versichern, was ist das für eine Rede? Den Glauben betreffend bedarf es keiner Versicherung, falls man ihn hat, denn der Glaube ist ein unruhig Ding, und gleich zu merken; und keine Versicherung kann helfen, falls man ihn nicht hat.« »Ja, aber glaube mir doch nur, ich kann Dir so feierlich wie möglich versichern ...« »Ach halt doch ein mit dem Geschwätz, was kann Deine Versicherung nützen!« »Ja, aber wenn Du doch nur eine von meinen Schriften lesen wolltest, so würdest Du sehen, wie ich den Glauben darstellen kann; so weiß ich denn auch, ich muß ihn haben.« »Ich glaube, der Mensch ist toll! Wenn dem so ist, daß Du den Glauben darstellen kannst, so beweist das nur, daß Du ein Dichter bist, und wenn Du es gut machst, daß Du ein guter Dichter bist, aber es beweist nichts weniger, als daß Du ein Gläubiger bist. Vielleicht kannst Du auch weinen, wenn Du den Glauben darstellst; das würde dann beweisen, daß Du ein guter Schauspieler wärest; Du erinnerst Dich wohl der Geschichte von dem Schauspieler im Altertum, der in dem Grade das Gerührtsein darzustellen vermochte, daß er sogar weinte, wenn er vom Theater nach Hause kam, und mehrere Tage nachher weinte – das bewies nur, daß er ein guter Schauspieler war. Nein, mein Freund, der Glaube ist ein unruhig Ding; er ist Gesundheit, aber stärker und heftiger als das hitzigste Fieber, und wie es nicht hilft, daß ein Kranker versichert: ich habe das Fieber nicht, wenn der Arzt es am Pulse fühlt, und anderseits, daß ein Gesunder sagt: ich habe Fieber, wenn der Arzt am Pulse fühlt, daß es nicht wahr ist – ebenso, wenn man nicht den Puls des Glaubens in Deinem Leben fühlt, so hast Du den Glauben nicht. Wenn man dagegen des Glaubens Unruhe als Deines Lebens Puls vernimmt, so kann von Dir gesagt werden, Du habest den Glauben und Du »zeugest« vom Glauben. Und das heißt dann wieder im eigentlichen Sinne predigen; denn predigen heißt weder den Glauben in Büchern darstellen, noch ihn in »stillen Stunden« als Redner darstellen, – es sollte ja, wie ich in einer Predigt gesagt habe, eigentlich »nicht in der Kirche, sondern auf der Gasse gepredigt werden«, – und der Prediger soll auch nicht ein Redner sein, sondern ein Zeuge, das heißt: »der Glaube, dies unruhige Ding, soll in seinem Leben erkennbar sein«.

Ja, der Glaube ist ein unruhig Ding. Laß mich, um doch in dieser Hinsicht ein wenig aufmerksam zu machen, des Glaubens Unruhe in einem solchen Glaubenshelden oder Wahrheitszeugen darstellen. So nimm die Wirklichkeit vor Augen; die ist ja da in jedem Augenblick. Diese Tausende und aber Tausende und Millionen, sie gehen jeder seinen Geschäften nach: der Beamte den seinigen, der Gelehrte den seinigen, der Künstler den seinigen, der Gewerbetreibende den seinigen, der Verläumder den seinigen, und der Müssiggänger, nicht minder in Anspruch genommen, den seinigen, und so weiter, jeder geht s e i n e n Geschäften nach in diesem bunten Spiel der Mannigfaltigkeit, aus dem die Wirklichkeit besteht. Inzwischen sitzt, wie Luther in einer Klosterzelle oder auf einem abgelegenen Zimmer, kurz für sich allein ein einsamer Mensch in Furcht und Zittern und vieler Anfechtung. Ein einsamer Mensch! Ja, es ist Wahrheit. Es ist Unwahrheit, was diese Zeiten erfunden haben, daß die Majorität, die Menge, oder das geehrte gebildete Publikum es sei, von dem Reformationen ausgehen – das heißt religiöse Refor-

mationen, denn in der Straßenbeleuchtung und im Fuhrwesen gehen sie doch vielleicht am besten vom Publikum aus; aber daß eine
religiöse Reformation vom Publikum ausgehe, ist Unwahrheit, und,
christlich geredet, eine aufrührerische Unwahrheit. Also da sitzt ein
einsamer Mensch in Anfechtung. Vielleicht genieße ich doch einige
Anerkennung bei der Gegenwart als Seelenkundiger; ich kann be-
zeugen, ich habe Menschen gesehen, von welchen ich sagen darf:
sie sind gewiß Versuchungen sehr ausgesetzt gewesen; aber noch
nie habe ich jemand gesehen, von dem ich sagen durfte: er hat die
Anfechtung erduldet. Und doch, ein Jahr der Versuchung ausgesetzt zu sein, ist nichts gegen eine Stunde Anfechtung. So sitzt denn
jener einsame Mensch da; er sitzt, oder, wenn du willst, er geht
vielleicht die Diele auf und ab, wie der gefangene Löwe im Käfig;
und doch, es ist zu verwundern, worin er gefangen ist, er ist von
Gott und durch Gott in sich selber gefangen. – Nun soll das in die
Wirklichkeit eingeführt werden, wofür er in der Anfechtung gelitten hat. Glaubst Du, daß er Lust dazu hat? Wahrlich, jeder, der diese Wege jubelnd gegangen kommt, sei überzeugt, er ist nicht berufen. Es ist keiner unter den Berufenen, der nicht am liebsten hatte
davon frei sein wollen. Keiner, der nicht für sich gebeten hätte, wie
ein Kind für sich bitten und betteln kann, aber es half nichts, er muß
vorwärts. – So weiß er, indem er nun den Schritt thut, wird sich das
Entsetzen erheben.[4] Wer nicht berufen ist – dem wird, indem das
Entsetzen sich erhebt, so angst, daß er zurück flieht. Aber der Berufene – o, mein Freund, nur zu gern möchte er zurück, schaudernd
vor dem Entsetzen; aber wie er sich schon umgedreht hat, um zu
fliehen, sieht er – er sieht den noch größeren Schrecken, der hinter
ihm ist, den Schrecken der Anfechtung; er muß vorwärts – so geht
er denn vorwärts; er ist nun ganz ruhig, denn der Schrecken der
Anfechtung ist ein furchtbarer Zuchtmeister, der wohl Mut geben
kann. Das Entsetzen erhebt sich. Alles, was ganz der Wirklichkeit
angehört, waffnet sich gegen diesen Mann der Anfechtungen, dem
man doch nicht bange machen kann, und wunderbar genug, gerade
weil ihm so bange ist – vor Gott; sie greifen ihn an, hassen ihn, ver-
fluchen ihn. Die wenigen, die ihm ergeben sind, rufen ihm zu: »o
schone Dein selbst, Du machst Dich und uns alle unglücklich, so
halt nun inne, laß nicht das Entsetzen sich stärker erheben, hemme

---

[4] Nach Matth. 7, 28. Mark. 1, 22. A. d. Üb.

das Wort, das Dir auf der Lippe schwebt, rufe lieber das letzte zurück.« O, m. Z., der Glaube ist ein unruhig Ding.

So predige ich denn vielleicht Tumult, allgemeine Umwälzung, Unordnung? Wahrlich, nein. Wer meine schriftstellerische Thätigkeit nicht kennt, muß sich mit dieser Versicherung begnügen. Wer meine schriftstellerische Thätigkeit kennt, muß wissen, daß ich in entgegengesetzter Richtung gearbeitet habe.

Aber in christlichem Sinne gibt es zwei Arten der Unordnung. Die eine ist der Tumult, der Lärm des äußerlichen Wesens. Die andere Unordnung ist die Totenstille, das Ausgestorbensein; und diese ist vielleicht die gefährlichste.

Gegen die habe ich gewirkt, und gewirkt um Unruhe zur Verinnerlichung zu wecken. Laß mich genau bestimmen, wo ich, so zu sagen, bin. Es ist unter uns ein hochwürdiger Greis, der oberste Geistliche dieser Kirche;[5] was er, was seine »Predigt« gewollt hat, dasselbe ist es, was ich will, nur mit schärferer Betonung, was in der Verschiedenheit meiner Persönlichkeit liegt, und was die Verschiedenheit der Zeit erfordert. Es gibt unter uns einige, die darauf Anspruch machen, im strengsten Sinne des Wortes Christen zu sein: an sie habe ich mich nicht anschließen können. Teils meine ich, daß ihr Leben nicht dem Maßstabe entspricht, den sie selbst beanspruchen oder den anzulegen sie andere nötigen, indem sie so stark betonen, daß sie Christen sind – doch dies ist mir das minder Wichtige; teils bin ich zu wenig Christ, um mich an jemand anschließen zu dürfen, der solchen Anspruch macht. Bin ich auch vielleicht ein wenig – ja wäre ich auch sogar bedeutend weiter gefördert als verschiedene unter uns, die dem Durchschnitt angehören, ich bin nur im Dichterischen weiter gefördert, das heißt, ich weiß besser, was Christentum ist, weiß es besser darzustellen; aber dies ist, denke an das was Luther mir sagte! ein gar unwesentlicher Unterschied. Wesentlich gehöre ich dem Durchschnitt an. Und hier ist's, wo ich gearbeitet habe, um Unruhe zur Verinnerlichung zu wecken.

Denn in christlichem Sinne gibt es zwei Arten wahrer Unruhe. Erstens die Unruhe in den Glaubenshelden und Wahrheitszeugen, welche darauf abzielt, das Bestehende zu reformieren. So weit habe

---

[5] Der 1854 verstorbene Bischof Mynster A. d. Üb.

ich mich nie hinausgewagt, das ist nichts für mich; und sofern jemand in der Gegenwart scheinen konnte, sich gar so weit hinauswagen zu wollen, war ich nicht abgeneigt, gegen ihn zu kämpfen, um dazu beizutragen, daß es offenbar werden möchte, ob er der Berechtigte sei. Die andere Art Unruhe ist die auf Verinnerlichung abzielende. So ist ja auch ein wahres Verliebtsein ein unruhig Ding; aber es fällt dem Liebenden nicht ein, das Bestehende verändern zu wollen.

Für diese auf Verinnerlichung abzielende Unruhe habe ich gearbeitet. Aber »ohne Gewalt«. Anstatt mich selbst leer aufgeblasen für einen Wahrheitszeugen auszugeben, und auch andere zu veranlassen, vermessen dasselbe sein zu wollen, bin ich ein einfacher Dichter, der durch die Ideale zu rühren sucht. Dies aber etwa auf folgende Art, damit ich gleich ein Beispiel gebe und zugleich zeige, wie ich u. a. auch die Glaubenshelden benutze. Du, m. Z., Du nennst Dich ja einen Christen. Nun, und Du weißt, daß, was das Gewisseste von allem, aber zugleich das Ungewisseste ist: der Tod, daß der auch Dir sich einmal nahen wird, und daß es D e i n Tod wird. Doch du bist ein Christ: Du hoffst also und glaubst, daß Du selig werdest, ebenso selig, wie irgend ein Wahrheitszeuge oder einer von des Glaubens Helden, die doch nach einem ganz andern Maßstabe es haben erkaufen müssen, Christ zu sein. Vielleicht würde daher auch einer, der Amtsgewalt hätte, hier anders zu Dir sprechen, Dir zum Entsetzen sagen, daß Du in einem Wahne seiest mit der Meinung Christ zu sein, und daß Du zur Hölle fährst. Fern sei es von mir, dies als eine Übertreibung dessen, der Gewalt hat, darzustellen, nein, ich verstehe es nur allzuwohl, welche Anstrengung erfordert wird, um wagen zu dürfen, ein solches Entweder-Oder auf einen anderen anzuwenden. Aber ich, dem keine Gewalt gegeben ist, ich darf nicht so sprechen; ich glaube, daß Du ebenso selig werden wirst, wie irgend ein Wahrheitszeuge, irgend einer von des Glaubens Helden. Aber dann sage ich zu Dir: halte nun einmal Dein Leben und das Leben eines solchen neben einander. Bedenke, was er hat opfern müssen, er, der alles opferte, das, was zu opfern, im ersten Augenblick am schwersten wird, und das, was geopfert zu haben, auf die Länge am schwersten wird! Bedenke, was er gelitten hat, wie schmerzlich und wie langwierig! O, wenn Du glücklich lebst in einer geliebten Heimat, wenn Dein Weib Dir anhanget von ganzem Herzen und von ganzem Gemüte, wenn Du Freude hast an Deinen Kindern: bedenke, was es doch heißen will, so Tag für Tag in diesem Frieden und dieser Ruhe zuzubringen, die wohlthätig ist für die Seele eines Menschen, wohlthätiger, als die schwache Beleuchtung des späteren Nachmittages für den, dessen Augen schmerzen: und bedenke, daß dies Dein tägliches Leben ist – und dann denke an den Wahrheitszeugen! Und wenn Du lebst, nicht in Müssiggang, keineswegs, aber so, daß Deine Thätigkeit, die Deine Zeit, Deinen Fleiß, Deine Kraft in Anspruch nimmt, sie doch nur so in Anspruch nimmt, daß sowohl Ruhe genug von der Arbeit da ist, als auch die Arbeit selbst manchmal als ein Zeitvertreib erfrischt; und wenn Du lebst, wo nicht in Überfluß, doch so, daß Du Dein reichliches Auskommen hast; und wenn Du Zeit hast zu so manchem Genuß, der erquickend die Zeit ausfüllt und neue Lebenslust gibt, und wenn, kurz und gut, Dein Leben ein stiller täglicher Genuß ist – o, sein Leben war ein tägliches peinliches Leiden: und dann sterbet Ihr beide, und Ihr werdet einer so selig wie der andere! Und wenn Du in glücklicher Verborgenheit Dich des Leben freuen kannst, ungestört und unbemerkt dahin gehen und ganz Dir selbst sein darfst; und wenn Du, gerade weil Du unbemerkt lebst, so oft Gelegenheit bekommst, die Menschen von ihrer besseren, ihrer guten, ihrer liebenswürdigen Seite kennen zu lernen; und wenn Du, unter der Menge verkehrend, entweder dem Fremden begegnest, der Dich gar nicht kennt, oder dem wohlwollenden teilnehmenden Blicke derer, die Dich kennen; und wenn Du, wo Du Gelegenheit findest, einem anderen Menschen einen Dienst, eine Wohlthat zu erweisen, mit so viel Freude belohnt wirst, daß es die Frage ist, ob Du nicht Dir selbst einen Dienst, eine Wohlthat erweisest; und wenn Du, leicht verstehend Dein Leben, mit dem anderen leicht im Verständnis bist, und auch leicht verstanden wirst; o, er mußte tagaus tagein, was von einem solchen Wirken unzertrennlich ist, sich gleichsam verzehren und fressen lassen von dieser Faselei der Menschen, die stets hungrig, stets nach etwas begehren, wovon sie schwatzen können; er war jahraus jahrein täglich veranlaßt ja gezwungen, die Menschen von der, milde gesprochen, bestialischen Seite, mitunter von der Seite des tiefen Verderbens kennen zu lernen, er mußte fort und fort sich überzeugen, daß er von jedem gekannt sei, und dies daran erkennen, daß er in den Blicken eines jeden dem Unwillen, dem Widerstande, der Verbitterung, dem

Hohne begegnete, er that einer ganzen Gegenwart wohl, und ihm wurde mit den Verwünschungen einer ganzen Gegenwart gelohnt; in den Qualen der Anfechtung mußte er das Verständnis seines Lebens erwerben, und dann mußte er mühsam Tag für Tag sich durch alle Mißverständnisse der Mitlebenden und durch alle Qualen dieser Mißverständnisse hindurcharbeiten; – dann sterbet Ihr beide, und Ihr werdet einer so selig wie der andere! Bedenke dies, und nicht wahr, dann wirst Du zu Dir selbst sagen, was ich zu mir sage: sei es, daß ich mich nun wirklich nicht so weit hinauswagen soll, oder daß ich mich selbst verhätschele und mich gar nicht hinauswage: Eines will ich thun, und ob ich auch im übrigen noch so viel zu thun hätte, ich will Zeit finden, dieser herrlichen Männer Tag für Tag zu gedenken. O, mir scheint, daß es doch ein himmelschreiendes Unrecht ist, daß wir einer so selig werden wie der andere! Aber jedenfalls, mein Leben soll eine Erinnerung an sie sein! – Und siehe, da hast Du gleich ein Beispiel einer Bewegung, welche Unruhe zur Verinnerlichung ist.

Und diese Unruhe, sie ist das geringste, die mildeste, die unterste Form der Frömmigkeit. Und doch glaubst Du, wir seien so vollkommen, daß wir nicht bedürfen, daß in der Hinsicht gearbeitet werde? Erinnere Dich wie es mir mit Luther ging! Ob es den andern ebenso gehen würde, wenn Luther zu ihnen käme, das weiß ich nicht.

Aber denke Dir Luther in unserer Zeit, aufmerksam auf unsern Zustand, glaubst Du nicht, er würde sagen, wie er in einer Predigt sagt: »Die Welt ist wie ein betrunkener Bauer, wenn man ihm von der einen Seite auf's Pferd hilft, so fällt er von der andern wieder hinunter«. Glaubst Du nicht, er würde sagen: der Apostel Jakobus muß ein wenig hervorgezogen werden, nicht wegen der Werke i m G e g e n s a t z zum Glauben, nein, nein, das war doch auch nicht die Meinung des Apostels, sondern wegen des Glaubens, um, wo möglich, zu bewirken, daß das Bedürfnis der »Gnade« tief gefühlt werde in wahrer demütiger Innigkeit, und um, wo möglich, zu verhindern, daß mit der »Gnade«, daß mit Glauben und Gnade als dem allein Rechtfertigenden und allein Seligmachenden nicht ganz leichtfertig umgegangen und sie zum Schalksdeckel sogar für eine raffinierte Weltlichkeit gemacht werden. Luther – dieser Mann Gottes, diese ehrliche Seele! – übersah oder vergaß doch vielleicht ein gewisses Etwas, was eine spätere, was besonders unsere Zeit vielleicht allzusehr einschärft. Er vergaß – noch einmal, Du Ehrlicher! – er vergaß, was selbst zu wissen er zu ehrlich war, nämlich welche ehrliche Seele er selbst war, was ich aber, und nicht um meiner Tugend, sondern um der Wahrheit willen hervorheben muß. Das Lutherische Prinzip ist vortrefflich, es ist die Wahrheit; ich habe gegenüber diesem vortrefflichen Lutherischen Prinzipe nur ein Bedenken. Dasselbe betrifft nicht das Lutherische Prinzip, nein es betrifft mich selbst: daß ich mich nämlich überzeugt habe, daß ich nicht eine ehrliche Seele, sondern ein schlauer Kerl bin. So wird es denn gewiß am richtigsten sein, auf den Untersatz (die Werke, die Existenz, das Zeugen und Leiden für die Wahrheit, die Werke der Liebe u.s.w.), auf den Untersatz im Lutherischen Prinzip ein wenig genauer zu achten. Nicht als sollte nun der Untersatz zum Obersatz gemacht, der Glaube und die Gnade abgeschafft oder heruntergesetzt werden, das verhüte Gott, – nein, gerade wegen des Obersatzes, und dann, weil ich ein solcher bin, wie ich bin, wird es gewiß am richtigsten sein, etwas genauer auf den Untersatz im Lutherischen Prinzip zu achten; – denn gegenüber »ehrlichen Seelen« braucht nichts gethan zu werden.

Und Jakobus sagt: seid nicht allein Hörer des Worts, sondern Thäter.

Doch um Thäter zu werden, muß man ja erst Hörer oder Leser sein, was Jakobus auch sagt.

Und nun stehen wir bei unserem Texte.

So wollen wir denn davon reden:

Was erforderlich ist, um sich mit wahrem Segen im Spiegel des Wortes zu betrachten.

Erstens ist erforderlich, daß Du nicht den Spiegel ansiehst, den Spiegel betrachtest, sondern Dich selbst im Spiegel siehst.

Dieses scheint so einleuchtend, daß man glauben sollte, es brauchte kaum gesagt zu werden. Doch thut es gewiß not; und was mich in dieser Meinung bestärkt, ist dies, daß diese Bemerkung nicht von mir selber ist, auch nicht von einem, den wir heutzutage einen frommen Mann nennen würden, einem Manne, der etwa einige fromme Stimmungen hat, sondern von einem Wahrheitszeugen, einem Blutzeugen, und solche Herrliche sind wohl unterrichtet.

Er warnt gegen das Versehen, daß man den Spiegel betrachte, statt sich selbst im Spiegel zu sehen. Ich benutze nur die Bemerkung und frage Dich dann, m. Z., ist sie nicht wie auf unsere Zeiten und unsere Verhältnisse, und überhaupt auf die späteren Zeiten der Christenheit gemünzt?

Denn »das Wort Gottes« ist ja der Spiegel: aber, aber – – o, unübersehbare Weitläufigkeit! wie viel gehört im strengeren Sinne zum »Worte Gottes«, welche Bücher sind echt, sind sie auch von den Aposteln, und sind diese auch glaubwürdig, haben sie alles selbst gesehen, oder vielleicht Verschiedenes doch nur von anderen gehört? und nun die Lesarten, 30,000 verschiedene Lesarten! und dann dieser Zusammenlauf und dies Gedränge von Gelehrten und von Meinungen, von gelehrten und ungelehrten Meinungen darüber, wie die einzelne Stelle zu verstehen sei ... nicht wahr, das sieht etwas weitläufig aus! Das Wort Gottes ist der Spiegel – ich soll, indem ich lese oder höre, mich im Spiegel sehen: aber sieh, die Geschichte mit dem Spiegel verwirrt sich so, daß ich wohl nie dazu komme, mich zu spiegeln – wenigstens nicht, wenn ich den Weg einschlage. Fast könnte man versucht werden, anzunehmen, daß hier ein Teil menschlicher Arglist mit im Spiele sei, ach, und wahr ist es, wir Menschen sind im Verhältnis zu Gott und dem Göttlichen und der gottesfürchtigen Wahrheit so arglistig; es verhält sich gar nicht so, wie wir wohl zu einander sprechen: daß wir so gern den Willen Gottes thun wollten, wenn wir ihn nur erfahren könnten; fast also könnte man versucht werden, anzunehmen, daß dies Arglist sei, daß wir Menschen nicht gern daran wollen, uns in jenem Spiegel zu sehen, und daß wir darum alles dies erfunden haben, was den Spiegel unbrauchbar zu machen droht, alles dies, was wir dann mit dem lobpreisenden Namen gelehrten und gründlichen und ernstlichen Forschens und Sinnens ehren.

M. Z., wie hoch hältst Du das Wort Gottes? Sage nun nicht, Du haltest es so hoch, daß kein Ausdruck es bezeichnen könne; denn man kann auch in so hohen Ausdrücken reden, daß man gar nichts sagt. Laß uns daher, damit wir zu etwas kommen, ein einfaches menschliches Verhältnis nehmen; hältst Du Gottes Wort höher, um so viel besser.

Denke Dir einen Liebenden, der von der Geliebten einen Brief empfangen hat – so teuer wie dieser Brief dem Geliebten ist, nehme ich an, daß Dir das Wort Gottes sei; wie der Liebende diesen Brief liest, so nehme ich an, daß Du lesest, und daß Du meinest, das Wort Gottes lesen zu müssen.

Doch vielleicht sagst Du: »ja, aber die Heilige Schrift ist in einer fremden Sprache geschrieben«. Es sind doch wohl eigentlich zunächst die Gelehrten, welche die Heilige Schrift in der Grundsprache zu lesen brauchen; aber willst Du's nicht anders, willst Du daran festhalten, daß Du die Schrift in der Grundsprache lesen mußt: nun wohl, wir können gut bei dem Bilde von dem Briefe der Geliebten bleiben, nur fügen wir eine kleine Bestimmung hinzu.

Ich nehme denn an, daß dieser Brief von der Geliebten in einer Sprache geschrieben sei, die der Liebende nicht versteht; und es ist keiner an dem Orte, der ihm denselben übersetzen könnte, und vielleicht würde er nicht einmal solche Hilfe wünschen, um nicht einen Fremden in seine Geheimnisse einzuweihen. Was thut er? Er nimmt ein Wörterbuch, begibt sich daran, den Brief durchzubuchstabieren, schlägt jedes Wort auf, um darauf eine Übersetzung zuwege zu bringen. Laß uns annehmen, daß wie er mit dieser Arbeit beschäftigt ist, ein Bekannter zu ihm hereinkommt. Er weiß, daß dieser Brief gekommen ist; indem er auf den Tisch hinsieht, sieht er ihn da liegen und sagt: »nun, Du sitzest und liesest den Brief, den

Du von Deiner Geliebten bekommen hast« – was meinst Du, daß der andere sagen werde? Er antwortet: »bist Du von Sinnen? glaubst Du, das heiße einen Brief von der Geliebten lesen! Nein, mein Freund, ich sitze hier in Mühe und saurem Schweiß, um mit Hilfe eines Wörterbuches ihn zu übersetzen; mitunter bin ich nahe daran vor Ungeduld zu vergehen, das Blut steigt mir zu Kopf, daß ich das Wörterbuch auf die Diele werfen möchte – und das nennst Du lesen, willst Du meiner spotten! Nein, bald bin ich, Gott sei Dank, mit der Übersetzung fertig, und dann, ja dann, dann will ich daran, den Brief der Geliebten zu lesen, das ist etwas ganz anderes – doch, mit wem rede ich ... dummer Mensch, geh mir aus den Augen, ich mag Dich nicht sehen, daß Du darauf verfallen konntest, in dem Grade die Geliebte und mich zu beleidigen, daß Du das einen Brief von ihr lesen nanntest! Und doch, bleibe, bleibe, Du weißt wohl, es ist nur mein Scherz, ja ich sähe sogar sehr gerne, daß Du bliebest, aber, aufrichtig gesprochen, ich habe keine Zeit, es ist noch etwas übrig zu übersetzen, und mich verlangt mit solcher Ungeduld danach, zum Lesen zu kommen – darum, werde nicht böse, aber geh, daß ich fertig werde«.

Also, der Liebende macht in Beziehung auf den Brief der Geliebten einen Unterschied zwischen Lesen und Lesen, zwischen dem Lesen mit Wörterbuch und dem Lesen des Briefes der Geliebten. Das Blut steigt ihm zu Kopf vor Ungeduld, wenn er sitzt und sich abmüht bei dem Lesen mit dem Wörterbuch, er wird wie rasend, da sein Freund wagt, dies gelehrte Lesen ein Lesen des Briefes der Geliebten zu nennen. Nun ist er fertig mit der Übersetzung – nun liest er den Brief der Geliebten. Er betrachtete diese ganze, wenn Du so willst, gelehrte Vorarbeit als ein notwendiges Übel, um dazu kommen zu können – den Brief der Geliebten zu lesen.

Laß uns nicht zu früh dies Bild aufgeben. Laß uns annehmen, dieser Brief der Geliebten enthielte nicht bloß, wie solche Briefe gewöhnlich thun, den Ausdruck eines Gefühles, sondern es wäre ein Wunsch darin ausgesprochen, etwas, wovon die Geliebte wünschte, daß der Liebende es thun solle. Es wäre, laß uns das annehmen, viel, was von ihm gefordert würde, sehr viel, es wäre, würde jeder Dritte sagen, guter Grund vorhanden, sich zu bedenken: aber der Liebende – in derselben Sekunde eilt er davon, um den Wunsch der Geliebten zu erfüllen! Laß uns annehmen, daß nach Verlauf einiger

Zeit die Liebenden zusammenträfen, und die Geliebte sagte: »aber, Lieber, das hatte ich ja gar nicht von Dir verlangt, Du mußt das Wort verkehrt verstanden oder verkehrt übersetzt haben« – glaubst Du, es würde den Liebenden nun verdrießen, daß er, anstatt gleich in derselben Sekunde zu eilen, dem Wunsche nachzukommen, nicht zuerst sich einige Bedenken gemacht hatte, und dann vielleicht noch ein paar Wörterbücher zu Rat gezogen, dann mehr Bedenken bekommen, und dann vielleicht das Wort richtig übersetzt hatte, und also frei gewesen wäre – glaubst Du, dieses sein Versehen würde ihn verdrießen, glaubst du, er würde der Geliebten weniger gefallen? Denke Dir ein Kind, recht ein solches, welches man einen wackeren und tüchtigen Schüler nennt; nachdem der Lehrer den Kindern eines Tages die Lektion für den nächsten Tag aufgegeben hat, sagt er: laßt mich nun sehen, daß ihr morgen Eure Sachen gut könnt. Auf unsern wackeren Schüler macht das einen tiefen Eindruck. Er kommt von der Schule nach Hause, – flugs an die Arbeit! Aber er hat nicht ganz genau nachgehört, wie viel ihnen aufgegeben ist; was thut er? Diese Ermahnung des Lehrers ist es, die auf ihn Eindruck gemacht hat, er lernt wohl doppelt so weit, als ihm, wie es sich zeigt, wirklich aufgegeben ist: glaubst Du, der Lehrer wird ihn weniger gern haben, weil er eine doppelt so große Lektion ganz ausgezeichnet weiß? Denke Dir einen anderen Schüler: er hörte auch des Lehrers Ermahnung, er hatte auch nicht genau zugehört, wieviel ihnen aufgegeben sei. Als er nach Hause kam, sagte er: ich muß erst erfahren, wie viel uns aufgegeben ist. So ging er denn zu einem seiner Kameraden, der war nicht zu Hause; dann zu einem anderen, der war auch nicht zu Hause, dagegen kam er ins Gespräch mit einem älteren Bruder desselben – und so kam er nach geraumer Zeit nach Hause, und da war die Zeit vergangen, und aus dem Arbeiten wurde gar nichts!

Also, der Liebende machte in Beziehung auf den Brief der Geliebten einen Unterschied zwischen Lesen und Lesen, ferner verstand er es mit dem Lesen so, daß, wenn ein Wunsch im Briefe ausgesprochen war, er sogleich anfangen müßte, ihn zu erfüllen, und daß nicht eine Sekunde zu verlieren wäre.

Nun denke an das Wort Gottes. Wenn Du das Wort Gottes gelehrt liesest – wir setzen nicht die Gelehrsamkeit herab, nein ganz und gar nicht – aber erinnere dich wohl: wenn Du das Wort Gottes gelehrt liesest, mit Wörterbuch u. s. w., so liesest Du nicht das Wort Gottes – erinnere Dich an den Liebenden, der da sagte: »das heißt nicht den Brief der Geliebten lesen«. Bist Du denn nun ein Gelehrter, so hüte Dich doch ja, daß Du nicht über all dies gelehrte Lesen, was nicht Gottes Wort lesen heißt, vergissest, das Wort Gottes zu lesen. Bist Du nicht gelehrt, o, beneide jenen nicht, freue Dich, daß Du gleich daran kommen kannst, das Wort Gottes zu lesen! Und ist da nun ein Wunsch, ein Gebot, ein Befehl, so – erinnere Dich an den Liebenden! – flugs von dannen, um danach zu thun! »Aber, sagst Du vielleicht, es sind so viele dunkle Stellen in der Heiligen Schrift, ganze Bücher, die fast wie Rätsel sind«. Hierauf würde ich antworten: wenn ich mich auf diese Einwendung einlassen sollte, müßte sie von einem gemacht werden, dessen Leben ausdrückt, daß er genau allen den Stellen nachgekommen wäre, die leicht zu verstehen sind; ist dies der Fall mit Dir? Doch so würde der Liebende es mit dem Briefe machen, wenn dunkle Stellen, aber auch deutlich ausgesprochene Wünsche in ihm wären; er würde sagen: »ich muß flugs dem Wunsche nachkommen, dann will ich sehen, wie es mit den dunkeln Stellen wird; aber wie könnte ich mich wohl hinsetzen und über die dunkeln Stellen grübeln und den Wunsch unerfüllt lassen, den Wunsch, den ich deutlich verstand!« Das heißt, wenn Du das Wort Gottes liest: was Dich verpflichtet, sind nicht die dunkeln Stellen, sondern das, was Du verstehst, und dem hast Du augenblicklich nachzukommen. Wäre es nur eine einzige Stelle, die Du in der ganzen Heiligen Schrift verstündest, wohl, so hast Du zuerst das zu thun; aber nicht hast Du zuerst Dich hinzusetzen und über die dunkeln Stellen zu grübeln. Gottes Wort ist Dir gegeben, daß Du danach handeln sollst, nicht, daß Du Dich üben sollst, dunkle Stellen zu erklären. Liesest Du das Wort Gottes nicht so, daß Du bedenkst, daß das geringste, was Du verstehst, Dich augenblicklich verpflichtet, danach zu thun: so liesest Du nicht das Wort Gottes. So meinte der Liebende: »wenn ich, statt augenblicklich zu der Erfüllung des Wunsches zu eilen, den ich verstehe, mich hinsetzen will und über das grübeln, was ich nicht verstehe, so lese ich nicht den Brief der Geliebten. Ich kann mit gutem Gewissen vor die Geliebte hintreten und sagen: es waren einige dunkle Stellen in Deinem Briefe; in Hinsicht dieser habe ich gesagt: kommt Zeit, kommt Rat; aber es war ein Wunsch da, den ich verstand, den habe ich augenblicklich erfüllt. Dagegen kann ich nicht mit gutem Gewissen vor sie hintreten und sagen: es waren einige dunkle Stellen in Deinem Briefe, die ich nicht verstand, über die setzte ich mich hin zu grübeln, und in Hinsicht Deines Wunsches, den ich wohl verstand, sagte ich: kommt Zeit, kommt Rat«. – Aber vielleicht fürchtest Du, daß es Dir mit dem Worte Gottes gehen möchte, wie es dem Liebenden mit dem Briefe ging, daß Du, doch diese Furcht ist gewiß ungegründet gegenüber der Forderung Gottes, daß Du dazu kommen möchtest, zu viel zu thun, daß Du durch Aufschlagen in noch einem anderen Wörterbuch sehen würdest, daß doch nicht so viel gefordert sei: o, mein Freund, mißfiel dieses denn der Geliebten, daß der Liebende dazu gekommen war, zu viel zu thun? Und was, meinst Du, würde der Liebende davon sagen, eine solche Furcht zu hegen? Er würde sagen: »Wer eine solche Furcht empfindet, daß er etwa zu viel thue, der liest nicht den Brief der Geliebten«; und ich würde sagen: der liest auch nicht das Wort Gottes.

Lassen wir dies Bild von dem Brief der Geliebten noch nicht fahren. Als er saß und damit beschäftigt war, denselben mit Hilfe eines Wörterbuchs zu übersetzen, wurde er gestört, indem ein Bekannter zu ihm eintrat. Er wurde ungeduldig, »aber«, würde er gewiß sagen, »bloß weil ich aufgehalten wurde, denn sonst war es einerlei, ich las ja damals den Brief nicht. Ja, wäre jemand zu mir gekommen, während ich saß und den Brief las, das wäre etwas ganz anderes, das wäre eine Störung gewesen. Doch dagegen will ich mich schon sichern; ehe ich hiermit anfange, schließe ich meine Thür ab und bin nicht zu Hause. Denn ich will allein sein, ungestört mit dem Brief allein; bin ich das nicht, so lese ich auch den Brief der Geliebten nicht«.

Er will allein sein, ungestört mit dem Brief allein; – »sonst«, sagte er, »lese ich nicht den Brief der Geliebten«.

Und so mit dem Worte Gottes; wer nicht mit dem Worte Gottes allein ist, liest nicht Gottes Wort.

Mit dem Worte Gottes allein! M. Z., laß mich hier ein Bekenntnis über mich selbst ablegen: ich wage noch nicht recht, ganz mit dem Worte Gottes allein zu sein, so daß kein Sinnenbetrug sich unterschiebt. Und erlaube mir dann, eins zu sagen: ich hab nie jemand gesehen, von dem ich glauben durfte, daß er Aufrichtigkeit und

Mut genug hatte, um mit dem Worte Gottes allein zu sein, so daß kein, gar kein Sinnenbetrug sich unterschob.

Wunderbar! Wenn in der Gegenwart ein stark bewegter Mann hervortritt, der den Preis des Christseins nur ein Fünftel so hoch bestimmt, wie das Evangelium: so ruft man »hütet Euch vor dem Menschen, leset nicht, was er schreibt, am allerwenigsten in der Einsamkeit, redet nicht mit ihm, am allerwenigsten einsam, er ist ein gefährlicher Mensch«. Aber die heilige Schrift! Ja, fast jeder Mensch besitzt sie, man trägt kein Bedenken, jedem Konfirmanden, also im gefährlichsten Alter, dies Buch zu schenken. In Wahrheit, es muß viel Sinnenbetrug dabei sein, man muß dadurch verwöhnt sein, daß dies Buch nun einmal existiert, man muß es auf eine ganz eigene Weise lesen – am wenigsten so, daß man mit demselben allein ist.

Mit der Heiligen Schrift allein sein! Ich wage es nicht! Wenn ich nun in derselben aufschlüge: die erste beste Stelle – sie fängt mich augenblicklich; sie fragt mich, ja, es ist, als wäre es Gott selber, der mich fragt: hast Du gethan, was Du da liest? Und dann, dann ... ja dann bin ich gefangen. Dann entweder gleich zum Handeln, oder augenblicklich ein demütigendes Geständnis.

O, mit der heiligen Schrift allein sein – und wenn nicht, so liesest Du nicht die heilige Schrift.

Daß aber dies Alleinsein mit dem Worte Gottes eine gefährliche Sache sei, das ist auch gerade von tüchtigeren Menschen still-schweigend zugestanden. Es war vielleicht einer da, ein tüchtigerer, ein ernsterer Mensch, ob wir auch nicht seinen Entschluß loben können, der zu sich selber sagte: »ich tauge nicht dazu, etwas halb zu thun – und dieses Buch, das Wort Gottes, ist ein äußerst gefährli-ches Buch für mich, und es ist ein herrschsüchtiges Buch, gibt man ihm nur einen Finger, so nimmt es die ganze Hand, gibt man ihm die ganze Hand, so nimmt es den ganzen Mann und wandelt viel-leicht plötzlich mein ganzes Leben in ungeheurem Maße. Nein, ohne mir, was ich verabscheue, ohne mir ein einziges spottendes oder herabsetzendes Wort über dieses Buch zu erlauben: ich lege es beiseite, ich will nicht mit demselben allein sein.« Wir billigen das nicht; aber es ist doch immerhin etwas darin, was wir billigen, eine gewisse Redlichkeit.

Aber man kann sich auch auf eine ganz andere Weise gegen das Wort Gottes wehren, darauf trotzend, daß man sehr wohl wagt, mit demselben allein zu sein, was doch nicht wahr ist. Denn nimm die Heilige Schrift – schließe Deine Thür, aber dann nimm zehn Wörterbücher, fünf und zwanzig Auslegungen: dann kannst Du es ebenso ruhig und ungeniert lesen, wie Du die Zeitung liesest. Fällt es Dir dann, wunderlich genug, ein, gerade wenn Du am allerbesten sitzest und eine Stelle liesest, zu fragen: habe ich dies gethan, handle ich danach? es ist natürlich in einem zerstreuten Augenblicke, wo Du nicht im gewöhnlichen Ernste gesammelt bist, daß Du auf so etwas verfällst, so ist die Gefahr doch nicht so groß. Denn sieh, vielleicht sind da verschiedene Lesarten, und vielleicht wird jetzt gerade eine neue Handschrift gefunden und dann ist Aussicht zu neuen Lesarten, und vielleicht sind fünf Ausleger der einen Meinung, und sieben der andern, und zwei haben eine merkwürdige Meinung, und drei schwanken oder haben gar keine Meinung, und »ich selbst bin nicht ganz mit mir einig über den Sinn dieser Stelle, oder, um meine Meinung zu sagen, ich bin derselben Meinung wie die drei Schwankenden, die keine Meinung haben« u. s. w. Ein solcher kommt dann nicht in die Verlegenheit, wie ich: entweder gleich nach dem Worte thun, oder doch ein demütigendes Geständnis ablegen zu müssen. Nein, er ist ruhig, er sagt: »es ist von meiner Seite nichts im Wege, ich will schon danach thun, wenn es nur erst mit der Lesart in Ordnung gebracht wird, und die Ausleger einigermaßen einig werden«. Aha! Damit hat es nämlich gewiß gute Wege. Dagegen erreichte der Mann, daß es ungewiß bleibt, ob der Fehler nicht in ihm steckt, daß er es ist, der nicht Lust hat, Fleisch und Blut zu verleugnen und nach dem Worte Gottes zu thun. O trauriger Mißbrauch der Gelehrsamkeit, o daß es den Menschen so leicht gemacht wird, so sich selbst zu betrügen!

Denn wäre nicht so viel Sinnenbetrug und Selbstbetrug da, so würde gewiß jeder bekennen, wie ich es thue: ich wage kaum, mit dem Worte Gottes allein zu sein!

Mit dem Worte Gottes allein muß man sein, wie der Liebende mit dem Briefe sein wollte, denn sonst hieße es nicht den Brief der Geliebten lesen – und sonst heißt es nicht Gottes Wort lesen, oder sich im Spiegel sehen. Und das war es ja, was wir sollten und was wir zuerst sollten, wenn wir zum Segen uns in dem Spiegel des Worts betrachten wollten, wir sollten nicht den Spiegel ansehen, sondern uns im Spiegel sehen. Bist Du gelehrt, denke daran, daß, wenn Du Gottes Wort nicht anders liesest, es Dir geschehen wird, daß Du, nachdem Du Dein ganzes Leben hindurch viele Stunden alle Tage im Worte Gottes gelesen hast, Du doch niemals – Gottes Wort gelesen hast. Mache dann den Unterschied, so daß Du dazu kommst, außer dem gelehrten Lesen doch auch Gottes Wort zu lesen, oder gestehe Dir wenigstens selbst, daß Du, ungeachtet des täglichen gelehrten Lesens darin, nicht Gottes Wort liesest, daß Du überhaupt damit nichts zu thun haben willst. Bist Du ungelehrt: desto weniger bist Du wohl veranlaßt, fehl zu sehen; also flugs zur Sache, keine Verzögerung mit dem Betrachten des Spiegels, sondern flugs daran, Dich im Spiegel zu betrachten!

Doch wie wird das Wort Gottes wohl in der Christenheit gelesen? Sollten wir in zwei Klassen geteilt werden – denn auf einzelne Ausnahmen kann hier nicht Rücksicht genommen werden – so müßte man wohl sagen: ein größerer Teil liest nie das Wort Gottes, ein kleinerer Teil liest es auf die eine oder andere Weise gelehrt, d. h., liest doch nicht Gottes Wort, sondern betrachtet den Spiegel. Oder, um dasselbe auf andere Weise zu sagen: ein größerer Teil betrachtet das Wort Gottes als eine veraltete Schrift aus dem Altertume, die man beiseite legt; ein kleinerer Teil betrachtet es als eine äußerst merkwürdige Schrift aus dem Altertume, worauf man einen erstaunlichen Fleiß und Scharfsinn u. s. w. verwendet – den Spiegel betrachtend.

Denke Dir ein Land. Es ergeht ein Königsgebot an alle Beamte, Unterthanen, kurz an die ganze Bevölkerung. Was geschieht? Es geht mit allen eine bemerkenswerte Veränderung vor: alles verwandelt sich in Ausleger, die Beamten werden Schriftsteller, alle Tage kommt eine Auslegung nach der anderen heraus, die eine gelehrter, scharfsinniger, geschmackvoller, tiefsinniger, geistreicher, wunderbarer, schöner und wunderbar schöner als die andere; die Kritik, welche die Übersicht bewahren soll, kann kaum diese ungeheure Litteratur im Auge behalten, ja die Kritik selbst wird eine so weitläufige Litteratur, daß es nicht möglich ist, den Überblick über die Kritik zu bewahren: alles ist Auslegung – aber keiner las das Königsgebot so, daß er danach that. Und nicht bloß dies, daß alles Auslegung geworden ist, nein, man verrückte zugleich den Gesichtspunkt für das, was Ernst ist, und machte die Beschäftigung mit der Auslegung zum eigentlichen Ernste. Denke Dir, dieser König sei nicht ein menschlicher König – denn ein solcher würde zwar auch wohl verstehen, daß man ihn eigentlich zum besten hält, indem man die Sache auf die Weise wendet; aber da ein menschlicher König abhängig ist, besonders von sämtlichen Beamten und Unterthanen, so würde er wohl genötigt werden, gute Miene zum bösen Spiel zu machen, und zu thun, als wenn dies in der Ordnung wäre, so daß der geschmackvollste Ausleger zur Belohnung in den Adelsstand erhoben, der tiefsinnigste mit einem Orden geehrt würde u. s. w. Denke Dir, dieser König sei ein allmächtiger, der also nicht in Verlegenheit kommt, ob auch alle Beamten und Unterthanen gegen ihn falsch spielen wollten. Was, glaubst Du, wird dieser allmächtige König von so etwas denken? Wird er nicht sagen: daß sie dem Gebote nicht nachkommen, das könnte ich noch verzeihen; ferner, wenn sie vereinigt mit einer Bittschrift bei mir einkämen, daß ich Geduld mit ihnen haben oder vielleicht sie ganz mit diesem Gebote verschonen möchte, welches ihnen so schwer wird: das könnte ich ihnen verzeihen. Aber das kann ich nicht verzeihen, daß man sogar den Gesichtspunkt für das, was Ernst ist, verrückt?

Und nun das Wort Gottes! »Mein Haus ist ein Bethaus, aber Ihr habt es zu einer Mördergrube gemacht«. Und Gottes Wort, was ist es nach seiner Bestimmung, und wozu haben wir es gemacht? All dies Auslegen und Auslegen und Wissenschaft und neue Wissenschaft, die unter der feierlichen, ernsten Form vorgebracht wird: es sei, um recht das Wort Gottes zu verstehen – sieh näher zu, und Du wirst sehen, es ist, um sich gegen das Wort Gottes zu wehren. Es ist nur allzuleicht, die Forderung, die in dem Worte Gottes enthalten ist, zu verstehen: »verkaufe, was Du hast, und gib es den Armen«, »so Dir jemand einen Streich gibt auf Deinen rechten Backen, dem biete den anderen auch dar«, »so jemand mit Dir rechten will und Deinen Rock nehmen, dem laß auch den Mantel«, »seid allezeit fröhlich«, »achtet es eitel Freude, wenn Ihr in mancherlei Anfechtungen fallet« u. s. w., alles dies ist ebenso leicht zu verstehen, wie die Bemerkung »es ist heute gutes Wetter«, eine Bemerkung, welche zu verstehen nur dann schwierig werden könnte, wenn eine Litteratur entstünde, um sie auszulegen; nicht der eingeschränkteste arme Tropf kann in Wahrheit leugnen, die Forderung verstehen zu können – aber es hält schwer für Fleisch und Blut, sie verstehen und danach thun zu wollen. Und es ist, nach meinen Gedanken, menschlich, daß ein Mensch sich dabei windet, das Wort recht über sich Macht gewinnen zu lassen – will niemand anders das gestehen, ich gestehe, daß ich es thue. Es ist menschlich, Gott zu bitten, Geduld zu haben, wenn man nicht gleich kann, was man soll, indem man gelobt doch zu streben; es ist menschlich, Gott zu bitten, Mitleid zu haben, die Forderung krankhafte Eitelkeit ist! Pfui, sollte ich denn so eitel sein! Denn an sich selbst zu denken und zu sagen, das Subjektive; und das Subjektive, das ist Eitelkeit; o diese Eitelkeit, nicht ein Buch – Gottes Wort! – lesen zu können, ohne zu meinen, daß ich es sei, von dem es handelt! Sollte ich nicht verabscheuen, so eitel zu sein! Und sollte ich denn so dumm sein, es nicht zu thun, wenn ich mich dadurch zugleich sichere, daß Gottes Wort nicht dazu kommen kann, mich zu erfassen, weil ich mich nicht in ein persönliches (subjektives) Verhältnis zum Worte stelle, sondern dagegen – o welcher Ernst, wegen dessen ich dann von den Menschen hoch gepriesen werde! – das Wort zu etwas Unpersönlichem (dem Objektiven, einer objektiven Lehre u. dergl.) mache, wozu ich – der sowohl Ernste als Gebildete! – mich objektiv verhalte, so daß ich also nicht ungebildet und eitel bin, meine Persönlichkeit mit ins Spiel zu bringen, und zu glauben, daß ich es sei, zu dem geredet werde, ich – und in einem fort – ich, von dem geredet werde. Ei, fern sei von mir eine solche eitle Ungebildetheit – und fern von mir sei auch, was ja sonst so leicht geschehen könnte, daß das Wort mich faßte, gerade mich, Macht über mich gewänne, so daß ich mich nicht dagegen wehren könnte, so daß es fortführe mich zu verfolgen, bis ich entweder, der Welt entsagend, danach thäte, oder doch bekennte, daß ich es nicht thäte – die gerechte Strafe eines jeden, der sich erlaubt, auf so ungebildete Weise mit dem Worte Gottes umzugehen.

Nein, nein, nein! Dieses, wenn Du das Wort Gottes liesest, dann bei allem, was Du liesest, beständig zu Dir selbst zu sprechen: ich bin es, zu dem, ich bin es, von dem geredet wird, das ist der Ernst, gerade das ist der Ernst. Auch hat kein einziger unter denen, welchen die Sache des Christentums in höherem Sinne anvertraut gewesen ist, vergessen, dies wieder und immer wieder als das Entscheidende einzuschärfen, als unbedingte Bedingung, wenn Du dazu kommen sollst, Dich im Spiegel zu sehen. Also dies ist's, was Du thun sollst: Du sollst in einem fort beim Lesen zu Dir selber sprechen: zu mir, von mir wird geredet.

Von jenem mächtigen Kaiser des Ostens, dessen Zorn sich das kleine, mannhafte Volk zugezogen hatte, wird erzählt, daß er einen Sklaven hatte, der jeden Tag zu ihm sagte: gedenke, Rache zu nehmen. Das war auch etwas, was des Gedankens wert war: mir scheint, es wäre besser gewesen, einen Sklaven zu haben, der ihn jeden Tag daran erinnert hätte, zu vergessen, welches doch auch nicht gut ist: denn müßte man jeden Tag daran erinnert werden, zu vergessen, so wird es ja nicht ernst mit dem Vergessen. Aber jedenfalls verstand dieser Herrscher sehr richtig, gerade weil er zornig war, und Zorn ist eine Bestimmung der Persönlichkeit, wenn auch keine lobenswerte, wie man verfährt, wenn auf jemanden persönlich gewirkt werden soll.

Aber noch besser als dieser Herrscher wurde doch der König David bedient – das versteht sich, das gehört zu der Art Bedienung, die man selten selbst aus freiem Willen wünscht, man ist eher versucht, sie als eine der größten Unbequemlichkeiten des Lebens zu betrachten.

Die Geschichte, worauf ich anspiele, ist bekannt. Der König David sah Bathseba. Sie zu sehen – und zu sehen, daß ihr Mann ihm im Wege stand, war eins. Er muß also fort. Und das geschah auch; man weiß nicht recht, wie es geschah, es muß eine Schickung gewesen sein, er fiel in der Schlacht, doch »das Schwert frißt jetzt diesen, jetzt jenen« sagt der König, er hatte vermutlich in Tollkühnheit selbst einen so gefährlichen Posten gewählt, daß der Tod gewiß war – ich sage nur, war jemand da, der ihn aus der Welt wünschte, so hätte er, wenn er über solches Herr war, es nie besser machen können, als ihn auf den Posten zu stellen, welcher der sichere Tod war. Nun ist er aus dem Wege. Das ging sehr leicht. Und nun ist also nichts mehr im Wege, um in gesetzmäßigen Besitz seiner Gattin zu kommen. Etwas im Wege – da sprichst Du wunderlich, es ist ja sogar eine in hohem Grade edle, hochherzige, echt königliche Handlung, die den ganzen Kriegerstand begeistern wird, daß der König die Witwe des für das Vaterland gefallenen Kriegers zur Ehe nimmt.

So kommt nun eines Tages ein Prophet hinauf zum König David. Laßt uns die Sache uns recht vergegenwärtigen und sie ein wenig modernisieren. Der eine ist der König, der höchststehende Mann des Volkes, der andere der Prophet, ein angesehener Mann des Volkes, beide natürlich gebildete Männer, und man kann also versichert sein, daß ihr Umgang, ihr Gespräch unbedingt das Gepräge der Bildung tragen wird. Außerdem sind sie beide, besonders der eine von ihnen, berühmte Schriftsteller, der König David der namhafte Dichter, und, was zugleich folgt, ein Kenner, ein geschmackvoller Richter über den guten Geschmack, der die Darstellung zu würdigen weiß und die Wahl der Ausdrücke, und die Anlage eines Gedichtes und die Sprachform und die Tonart und den guten oder schlechten Einfluß desselben auf die Sitten u . s. w.

Und es trifft sich recht glücklich, das ist gerade der rechte Mann für solche Sachen; denn der Prophet hat eine Novelle gedichtet, eine Erzählung, die er die Ehre haben wird, Seiner Majestät, dem gekrönten Dichter und Kenner von Dichterwerken, vorzutragen.

»Es waren zwei Männer in einer Stadt, einer reich, der andere arm. Der Reiche hatte sehr viel Schafe und Rinder, aber der Arme hatte nichts, als ein einziges kleines Schäflein, das er gekauft hatte; und er nährte es, daß es groß ward bei ihm und bei seinen Kindern zugleich; es aß von seinem Bissen und trank von seinem Becher und schlief in seinem Schoß, und er hielt es wie eine Tochter. Da aber dem reichen Mann ein Gast kam, schonte er zu nehmen von seinen Schafen und Rindern, daß er dem Gaste etwas zurichtete, der zu ihm kommen war, und nahm das Schaf des armen Mannes und richtete es zu dem Manne, der zu ihm kommen war.«

Ich denke mir, David hat aufmerksam zugehört, hat darauf seine Meinung zu erkennen gegeben, natürlich nicht seine Persönlichkeit (Subjektivität) eingemischt, sondern unpersönlich (objektiv) diese niedliche kleine Arbeit gewürdigt. Es ist vielleicht eine Einzelnheit da gewesen, von der er meinte, daß sie anders sein könnte, einen glücklicher gewählten Ausdruck hat er vielleicht vorgeschlagen, vielleicht auch einen kleinen Fehler in der Anlage nachgewiesen, hat den meisterhaften Vortrag des Propheten, seine Stimme, sein Mienenspiel gelobt, kurz, sich so ausgesprochen, wie in unseren

Zeiten wir Gebildeten eine Predigt für die Gebildeten, das heißt, eine Predigt, die auch selbst objektiv ist, zu beurteilen pflegen.

Da spricht der Prophet zu ihm: Du bist der Mann.

Sieh, die Erzählung, die der Prophet vortrug, das war eine Geschichte; aber dies: Du bist der Mann, das war eine andere Geschichte – das war der Übergang zum Subjektiven.

Aber meinst Du denn nicht, daß David vorher selbst sehr gut gewußt habe, wie abscheulich es ist, eines Weibes Mann totschlagen zu lassen, um sie zur Ehe zu nehmen; glaubst Du nicht, daß David, der große Dichter, leicht im stande gewesen sei, es selbst (mit Beredsamkeit, schreckend, erschütternd) darzustellen? Und demnächst, glaubst Du nicht, daß David sich sehr wohl bewußt gewesen, daß, und was er verschuldet hatte? Und doch, doch, doch bedurfte es jemandes von außen, der zu ihm sagte: Du!

Du siehst daraus, wie wenig mit diesem Unpersönlichen, dem Objektiven, einer Lehre, Geschichte, Wissenschaft u. dgl. geholfen ist, wenn sogar ein im übrigen so frommer und gottesfürchtiger Mann wie David, und Frömmigkeit und Gottesfurcht sind ja Formen der Persönlichkeit, des Subjektiven, wenn sogar er in Beziehung darauf, daß er eine so abscheuliche Unthat verübt hat (und vorher fand er – objektiv genug! – nichts im Wege, nicht das Gewissen im Wege, den Urias töten zu lassen, nichts im Wege, nicht das Gewissen im Wege, Bathseba zu ehelichen), wenn sogar er, nachdem es geschehen ist, so viel Unpersönlichkeit (Objektivität) bewahren kann, daß er dahin leben kann und thun als ob nichts geschehen, daß er die Erzählung des Propheten hören kann und thun, als ob nichts geschehen – bis dann der Prophet, müde dieser in unserem Jahrhundert als Bildung und Ernst so gepriesenen Unpersönlichkeit oder Objektivität, seine Gewalt braucht und sagt: Du bist der Mann.

Du siehst daraus zugleich, welche Tiefe der Schlauheit und Arglist es ist, wenn eine weltliche Bildung in der Christenheit, benutzend, was unleugbar wahr ist, daß es Eitelkeit sei, selbstsüchtig überall sein Ich und seine Persönlichkeit anzubringen, nun das zur Eitelkeit gestempelt hat, was gerade gegenüber dem Worte Gottes der Ernst ist, so daß man sich von dem Ernste und der Anstrengung des Ernstes freispricht und gerade dadurch sich als dem Ernsten und Gebildeten das Ansehen sichert. O Tiefe der Arglist! Man macht das Wort Gottes zu etwas Unpersönlichem, Objektiven, zu einer Lehre – anstatt daß es Gottes Stimme ist, die Du hören sollst; so hörten es die Väter, hörten die schreckende Stimme Gottes, nun klingt es objektiv wie Kattun! Und man verhält sich unpersönlich (objektiv) zu diesem Unpersönlichen; und auf der Höhe weltlicher Bildung, an der Spitze des gebildeten Publikums und der Wissenschaft trotzt man darauf, dies sei Ernst und Bildung, man bedauert wo möglich jene persönlichen (subjektiven) armen Tröpfe, bis sie sich in den Winkel verkriechen! O Tiefe der Arglist! Denn diese Unpersönlichkeit (Objektivität) – gegenüber dem Worte Gottes wird es uns Menschen nur allzuleicht, sie zu bewahren, – ist in der That eine angeborene Genialität, die wir alle besitzen, etwas, was wir umsonst bekommen – durch die Erbsünde, da diese gepriesene Unpersönlichkeit (Objektivität) weder mehr noch weniger ist, als Gewissenlosigkeit. Und das versteht sich, Gewissenlosigkeit natürlich nicht so, daß sie sich, was thöricht, dumm und unklug wäre, als Polizeivergehen äußerte, nein, nein, mit Maßen, bis zu einem gewissen Grade und dann mit Geschmack und Bildung, die macht das Leben bequem und genußreich – aber ist es doch nicht zu viel, sie für Ernst und Bildung auszugeben?

Nein, wenn Du das Wort Gottes lesen willst, um Dich im Spiegel zu sehen, so mußt Du in einem fort beim Lesen zu Dir selbst sagen: ich bin es, zu dem, ich bin es, von dem geredet wird.

Es war ein Mensch, der ging von Jerusalem hinab gen Jericho, und fiel unter die Mörder; die zogen ihn aus und schlugen ihn, und gingen davon, und ließen ihn halb tot liegen – wenn Du nun liesest: »es begab sich aber von ungefähr, daß ein Priester dieselbe Straße hinabzog, und da er ihn sah, ging er vorüber«, so sollst Du Dir selbst sagen »das bin ich«, Du sollst nicht Ausflüchte suchen, noch weniger witzig werden, denn in der weltlichen Welt kann ein Witz ja allerdings selbst die größte Niederträchtigkeit aufwiegen, aber so ist es nicht, wenn Du das Wort Gottes liesest, Du sollst nicht sagen »das bin ich nicht, es war ja ein Priester, und ich bin nicht Priester, wogegen ich es von dem Evangelium vortrefflich finde, es einen Priester sein zu lassen, denn die Pfaffen sind die allerärgsten«. Nein, wenn Du das Wort Gottes liesest, soll es Dir Ernst sein, und Du sollst zu Dir selbst sagen: »dieser Priester bin ich«. Ach, daß ich so unbarmherzig sein konnte und ich, der ich mich doch einen Christen nenne – und insofern bin ich ja auch Priester, wissen wenigstens wir sonst wohl das geltend zu machen, wenn es heißt, uns von den Geistlichen freizumachen, denn dann sagen wir: im Christentum sind alle Priester. Ach, daß ich so unbarmherzig sein konnte, solches zu sehen, und ich sah es, es steht im Evangelium »da er ihn sah, ging er vorüber«, und es ungerührt zu sehen! – Desselben gleichen auch ein Levit, »da er kam an die Stätte und sah ihn, ging er vorüber«. Hier sollst Du sagen: »das bin ich, o, daß ich so hartherzig sein konnte, und daß das, wenn es mir einmal früher passiert ist, mir dann noch einmal soll passieren können, daß ich nicht besser geworden bin!« – Und es kam ein Bürgersmann desselben Weges, und da er in die Nähe kam, sagte er zu sich selbst: »was ist das, da liegt ein halbtoter Mensch, es ist wohl nicht wert, daß ich desselben Weges gehe, das könnte ja eine Polizeisache werden, oder die Polizei könnte vielleicht im selben Augenblick kommen und mich als den Thäter ergreifen« – dann sollst Du zu Dir selbst sagen: »das bin ich, o, daß ich so schmutzig klug sein konnte, und nicht bloß das, sondern, daß ich dann hinterher mich darüber freuen konnte, ja daß ich, da ich es einem meiner Bekannten erzählte, mich darüber freuen konnte, daß er es als klug und praktisch von mir pries!« – Und es kam einer in tiefen Gedanken an nichts denkend desselben Weges, der sah gar nichts und ging vorbei – dann sollst Du zu Dir selbst sagen: »das war ich, ich Dummkopf, daß ich so gehen kann und schlendern, ohne zu sehen, daß da ein halbtoter Mensch liegt«; und so würdest Du doch zu Dir selber sprechen, wenn ein großer Schatz auf dem Wege gelegen hätte, und Du vorbeigegangen wärest, ohne ihn zu sehen. – »Ein Samariter aber reisete und kam dahin.« Um nicht zu müde zu werden, indem Du fortwährend sagst: »das bin ich«, kannst Du hier zur Abwechslung sagen: »das war nicht ich, ach nein, so bin ich nicht!« – Wenn dann die Parabel endigt und Christus zum Pharisäer sagt: »gehe hin und thue desgleichen«, dann kannst Du zu Dir selbst sagen: »ich bin es, zu dem geredet wird, flugs daran«. Du sollst nicht Ausflüchte suchen, noch weniger Dich im Witz versuchen, denn in göttlichen Sachen wiegt ein Witz wahrlich nichts auf, sondern schärft nur das Gericht, Du sollst nicht sagen: »ich kann auf Ehre versichern, daß der Fall mir nie im Leben vorgekommen ist, daß ich eines Weges gekommen sei, wo ein halbtoter Mensch lag, der von Räubern überfallen war; überhaupt sind

Räuber bei uns eine Seltenheit«. Nein, so sollst Du nicht sprechen; Du sollst sagen: »ich bin es, zu dem das Wort gesagt wurde: gehe hin und thue desgleichen«. Denn Du verstehst das Wort sehr gut. Und trafst Du nie auf Deinem Wege einen, der von Räubern überfallen war: es sind auf Deinem Wege, wie auf meinem, Unglückliche genug. Oder um ein Beispiel zu nehmen was doch immerhin mit jenem in dem Evangelium Ähnlichkeit hat: kamst Du nie eines Weges, wo, wenn nicht buchstäblich, so doch in Wahrheit einer lag, den Afterreden und Verläumdung überfallen und nackt ausgezogen und halb tot hatten liegen lassen? Und es kam ein Priester desselben Weges und er ging vorbei – das heißt, er hörte zuerst, was die Verleumdung von dem Menschen erzählte, und dann ging er weiter – und erzählte die Geschichte weiter, und dieser Priester, sollst Du zu Dir selber sagen, ja, ob Du auch Bischof oder Probst wärest, Du sollst gleich wohl zu Dir selber sagen: dieser Priester war ich! Und es kam ein Levit desselben Weges, und er ging vorbei – das heißt, nachdem er zuerst im Vorbeigehen die Neuigkeit zu wissen bekommen hatte, dann ging er vorbei und nahm die Neuigkeit mit; und dieser Levit, sollst Du zu Dir selber sagen, das war ich. Und dann kam ein Bürgersmann vorbei; er hörte auch die Geschichte, und dann ging er damit fort, und sagte: »das ist recht eine Schande, daß man – was ich jetzt thue! – das und das von dem Mann erzählt; und dieser Bürgersmann, sollst Du zu Dir selber sagen, das war ich! Ich war's, – o, das ist ärger als jene Geschichte im Evangelium, denn weder der Priester noch der Levit waren doch dabei beteiligt, den Mann halbtot zu schlagen, aber hier sind die Mitschuldigen der Räuber«.

Du liesest von jenem Obersten, einem Mitgliede des hohen Rats, daß er bei der Nacht zu Christo kam. Du sollst nicht Deine Aufmerksamkeit zerstreuen, nicht einmal dadurch, daß Du die doch vielleicht richtige Bemerkung machst, daß es wunderlich von ihm war, die Zeit zu wählen, denn was hilft es doch, wenn man verborgen sein will, daß man wählt, in der Nacht zu gehen, wenn man zu dem geht, der das Licht ist, wie im Psalm steht (139, 11): »Finsternis möge mich decken, so muß die Nacht auch Licht um mich sein, denn auch Finsternis nicht finster ist vor Dir, und die Nacht leuchtet wie der Tag«. Nein, so sollst Du nicht sprechen, ach, denn Du verstehst nur allzu gut, weshalb er die Nacht wählte: ob nämlich auch

Christus »der Weg« ist, in der Mitwelt war er – und wenn er wieder käme, wäre er es wohl wieder – der verbotene Weg.

Wenn Du denn davon liesest, von ihm, auf den Christus doch einen Eindruck gemacht hatte, aber nur so, daß er sich weder ganz hingeben noch ganz losreißen konnte, weshalb er die Nacht wählte, sich bei der Nacht zu ihm hinzustehlen: dann sollst Du zu Dir selber sagen »das war ich«. Du sollst nicht Ausflüchte suchen, nicht ungehörige Sachen einmischen, Du sollst überhaupt in der Stunde ruhig sitzen, Du sollst nicht sagen: »das war einer von den Vornehmen, und so sind die Vornehmen, großthuerisch, und so feig und treulos, wie sollte auch das Evangelium, das für die Armen ist, für die Vornehmen sein können!« Nein, so sollst Du nicht sprechen. Wenn Du das Wort Gottes liesest, so hast Du nichts mit jenen Vornehmen oder mit den Vornehmen im allgemeinen zu thun, oder sie anzuklagen: denn wärest Du auch selbst einer von den Vornehmen, Du hast doch nur mit Dir selbst zu thun. Nein, Du sollst sagen: »ich bin es«. Und mußt Du Dir selbst gestehen, daß Du wirklich im Begriff warst, diese Bemerkung über die Vornehmen zu machen, so sollst Du nicht bloß sagen: »ich war es«, sondern hinzufügen: »ich bin es, der dann obendrein Ausflüchte suchen wollte, der ich noch einmal, wie wenig es auch nützt, wenn ich vor dem bin, der das Licht ist, mich im Dunkel der Nacht verbergen wollte in der Ausflucht und Entschuldigung, als verstünde ich nicht das Wort Gottes, als wären es nur die Vornehmen, von denen geredet würde. Nein, ich war es. O daß ich so erbärmlich, ein solcher Lump sein konnte, weder kalt noch warm, weder das eine noch das andere!«

Auf die Weise, dies sind nur ein paar Beispiele, sollst Du das Wort Gottes lesen; und wie man nach dem, was der Aberglaube berichtet, dadurch, daß man Beschwörungsformeln liest, Geister zu sich herbeschwören kann: so wirst Du, und das ist das, was zuerst not thut, wenn Du nur einige Zeit fortfährst, das Wort Gottes auf diese Weise zu lesen, Du wirst eine Furcht und ein Zittern in Deine Seele hereinlesen, daß es Dir mit Gottes Beistand glückt, ein Mensch, eine Persönlichkeit zu werden, erlöst von diesem schrecklichen Unding, wozu wir Menschen – geschaffen nach dem Bilde Gottes! – verzaubert sind, einem unpersönlichen objektiven Dinge. Es wird, wenn Du Gottes Wort auf diese Weise liesest, es wird – ob es Dir auch furchtbar sein wird, aber denke daran, es ist die Bedingung des Heils! – Dir glücken das Geforderte: Dich selbst im Spiegel des Wortes zu betrachten. Nur so glückt es.

Denn ist das Wort Gottes für Dich nur eine Lehre, etwas Unpersönliches, Objektives, so ist es kein Spiegel – eine objektive Lehre kann nicht ein Spiegel genannt werden; es ist ebenso unmöglich, sich in einer objektiven Lehre zu spiegeln, wie in einer Mauer. Und willst Du Dich unpersönlich (objektiv) zum Worte Gottes verhalten, so kann nicht davon die Rede sein, daß dies heißen sollte, sich selbst im Spiegel zu betrachten, denn um sich zu spiegeln, wird doch wohl eine Persönlichkeit, ein Ich erfordert; eine Mauer kann in einem Spiegel gesehen werden, aber nicht sich spiegeln, oder sich selbst im Spiegel betrachten. Nein, Du mußt beim Lesen des Wortes Gottes in einem fort zu Dir selbst sprechen: zu mir, von mir ist's, daß geredet wird.

Endlich darfst Du, wenn Du zu wahrem Segen Dich selbst im Spiegel des Worts betrachten willst, nicht gleich vergessen, wie Du aussahst, nicht der vergeßliche Hörer (oder Leser) sein, von dem der Apostel spricht: er beschaute sein leibliches Angesicht in einem Spiegel, aber vergaß sogleich wie er gestaltet war.

Dieses ist nun einleuchtend genug; denn sich in einem Spiegel zu sehen und dann gleich zu vergessen, das ist ja wie in den Sand oder in's Wasser schreiben, oder wie in die Luft zeichnen.

Das Richtigste ist daher, daß Du gleich zu Dir selber sagst: ich will alsbald anfangen, mich am Vergessen zu hindern, gleich, noch in diesem Augenblicke, ich gelobe es mir selbst und Gotte; ob's denn auch nur für die nächste Stunde oder für den heutigen Tag wäre, so lange soll's doch gewiß sein, daß ich es nicht vergesse. Das ist das Richtigste, glaube mir, und Du weißt wohl, ich soll ein wenig ein Seelenkundiger sein, und was Du nicht weißt, ach das weiß ich, in wie vielen Leiden, in wie bitteren Erfahrungen ich es geworden bin, wenn ich's anders geworden bin. So zu verfahren, ist weit richtiger, als gleich den Mund zu voll zu nehmen und schnell zu sagen: »ich will es n i e vergessen«. O, mein Freund, es ist viel besser, daß Du nie vergessest, s o g l e i c h Dich des zu erinnern, als daß Du gleich sagst: ich will es n i e vergessen. Ernst ist es gerade, diesen redlichen Argwohn gegen sich selbst zu haben, mit sich selbst wie mit einem Verdächtigen umzugehen, wie ein Geldmann mit einem, der nicht sicher ist, zu dem er sagt: »ja diese großen Versprechungen helfen nicht viel, ich will lieber einen kleinen Teil der Summe gleich haben«. Und so auch hier. O, es sieht so ärmlich aus, wenn man sich selbst gelobt hat, nie zu vergessen, – dann gerade gleich in der nächsten Stunde anfangen zu sollen, sich zu erinnern! Und doch, diese nächste Stunde entscheidet vielleicht alles; die nächste Stunde nach einer sogenannten stillen Stunde, diese nächste ist die kritische Stunde. Lässest Du sie hingehen und sagst: »ich habe gelobt, nie zu vergessen, also mein ganzes Leben ist dem Erinnern geweiht, welche Kleinigkeit dann, es mit dieser nächstliegenden Stunde so genau zu nehmen« – sagst Du das: so ist es eigentlich entschieden, daß Du der vergeßliche Hörer oder Leser wirst. Denke Dir einen, der einer Leidenschaft ergeben gewesen ist und noch ist. Es kommt nun ein Augenblick (und der kommt für jeden, vielleicht viele Mal, ach, vielleicht viele Mal vergebens!), ein Augenblick, wo er wie gehemmt ist; ein guter Entschluß erwacht. Denke Dir dann, daß er, laß es z. B. einen Spieler sein, zu sich selber eines Morgens sagte: »so gelobe ich hoch und heilig, daß ich niemals mehr mich mit dem Spielen befassen will, nie mehr – heute abend soll's das letzte Mal sein«, o, mein Freund, er ist verloren! Ich darf eher auf das Entgegengesetzte trauen, wie wunderlich es auch scheinen mag: wenn da ein Spieler wäre, der in einem solchen Augenblick zu sich selber sagte: »nun wohl, Du magst Erlaubnis haben, Dein ganzes übriges Leben alle Tage zu spielen – aber heute abend willst Du es lassen«; und wenn er es thäte: o, mein Freund, er ist gewiß gerettet! Denn der Entschluß jenes ersten ist ein Gaunerstreich der Lust, der des anderen heißt: die Lust prellen; der eine wird von der Lust geprellt, der andere prellt die Lust. Die Lust ist nur stark im Augenblick, bekommt sie nur im Augenblick ihren Willen, so wird von ihrer Seite nichts im Wege sein, daß sie nicht ein Versprechen für das ganze Leben geben sollte. Aber das Verhältnis umkehren und sagen: »nein, bloß heute nicht, aber morgen, übermorgen u. s. w.«, das heißt die Lust prellen; denn soll gewartet werden, so verliert die Lust die Lust; wird sie nicht augenblicklich und vor jedem anderen eingelassen, wenn sie sich meldet, heißt es, daß ihr erst morgen Zutritt verstattet werden kann, so versteht die Lust, schneller, als der schmeichlerische und geschmeidige Hofmann oder das listigste

Weib es verstehen, was es zu bedeuten hat, wenn dies ihnen im Vorgemach passiert, die Lust versteht, daß sie nicht mehr eins und alles ist, das heißt, daß sie nicht mehr »die Lust« ist. So ist es mit dem Achtgeben, daß man nicht gleich vergesse; gelobe nicht nie vergessen zu wollen, wenn Du dann nur davon freigesprochen seist, in der nächsten Stunde Dich gleich erinnern zu sollen; nein, kehre lieber das Verhältnis um, sage: Dies ist ja nicht etwas um mein lebenlang daran zu denken, aber ich gelobe, daß ich daran denken will gleich in der nächsten Stunde, und das will ich halten.

Wenn Du nun von hier fortgehst, denn wir können uns ja denken, daß es eine gehaltene Rede wäre, so sei nicht geschäftig, die Rede oder den Redner zu kritisieren. Denn freilich kann man insofern nicht von Dir sagen, daß Du gleich die Rede vergessen hättest, aber auf die Weise erinnern, das heißt dennoch, ein vergeßlicher Hörer sein. Nein – und doch, vergiß die Rede und den Redner; aber wenn Du nach Hause kommst, so lies für Dich allein, wo möglich laut, den Text des Tages durch – o, aber thu' es gleich! Nicht wahr, das willst Du thun? Dank dafür. Und wäre einer, der vielleicht erst nach zehn Jahren, ganz von ungefähr dazu käme, diese Rede zu lesen, und sie zu Ende läse: o, Du bist es, den ich bitte, lies dann für Dich allein, wo möglich laut, den Text des Tages, o, aber thu es gleich! Nicht wahr, das willst Du thun? Dank dafür.

Und Du, o Weib, Dir ist es ja vorbehalten, das Bild des nie vergeß-lichen Hörers oder Lesers des Wortes sein zu können. Du komme, wie billig, der Ermahnung des Apostels nach: das Weib soll schwei-gen in der Gemeinde; das ist billig. Auch befasse sie sich nicht da-mit, nach Hause zu gehen und zu predigen: das steht ihr nicht wohl. Nein, sie schweige; in Schweigen bewahre sie das Wort; ihr Schweigen sei der Ausdruck dafür, daß sie es tief im Herzen be-wahrt. Glaubst Du nicht an das Schweigen? Ich thue es. Als Kain Abel erschlagen hatte, da schwieg Abel. Aber Abels Blut schreiet zum Himmel; es schreiet, nicht: es schrie, es schreiet zum Himmel; furchtbare Beredsamkeit, die nie verstummt; o, Macht des Schwei-gens! Jener königliche Mann, der den Namen des Schweigsamen trägt – bedeutete sein Schweigen nicht etwas? Die anderen haben wohl laut genug von der Rettung des Staates gesprochen und viel-leicht auch davon, was sie thun wollten – nur er schwieg. Was bedeutete dieses Schweigen? Daß er der Mann war, der den Staat rettete; o, Macht des Schweigens!

So mit dem Weibe. Laß mich Dir ein solches Weib beschreiben, eine Hörerin des Worts, die das Wort nicht vergißt; aber vergiß doch nicht über dieser Beschreibung, selbst eine solche zu werden! Wie gesagt, sie redet nicht in der Gemeinde, sie schweigt; auch redet sie nicht zu Hause von der Religion, sie schweigt. Sie ist auch nicht wie eine Geistesabwesende, weit weg in anderen Gegenden: Du sitzest und sprichst mit ihr; und wie Du am allerbesten im Gespräche sitzest, sagst Du zu Dir selbst: sie schweigt – was bedeutet dieses Schweigen? Sie besorgt ihr Haus, ist ganz gegenwärtig, wie mit ihrer ganzen Seele auch bei der kleinsten, unbedeutendsten Sache, sie ist froh, manchmal voll Scherz und Munterkeit, sie ist, fast mehr als die Kinder, die Freude im Hause – und wie Du am allerbesten da sitzest und sie ansiehst, sagst Du zu Dir selbst: sie schweigt; was bedeutet dieses Schweigen? Und wenn dann selbst der, dem sie am nächsten steht, an den sie durch unauflösliche Bande geknüpft ist, den sie mit ihrer ganzen Seele liebt, und der auf ihr Vertrauen Anspruch hat – wenn es sich denken ließe, daß er geradezu zu ihr sagte: »was bedeutet dieses Schweigen, woran denkst Du; denn es ist noch etwas im Hintergrunde all des anderen, etwas was Du gleichsam immer in Gedanken haben mußt, sage mir das!«: sie sagt es nicht geradezu; ausweichend sagt sie vielleicht höchstens: »gehst Du am Sonntag mit in die Kirche?« – und redet dann von anderen Dingen; oder sie sagt: »versprich mir Sonntag eine Predigt vorzulesen!« – und dann redet sie von anderen Dingen. Was bedeutet dieses Schweigen?

Was es bedeutet? Ja, laß uns nicht weiter danach forschen; sagt sie selbst ihrem Manne nichts geradezu, so können wir andern ja nicht verlangen etwas zu erfahren. Nein, laß uns nicht weiter danach forschen, sondern bedenken, daß dieses Schweigen gerade das ist, wessen wir bedürfen, wenn Gottes Wort ein wenig Macht über die Menschen gewinnen soll.

O, falls man, wozu man christlich gewiß berechtigt ist, indem man den jetzigen Zustand der Welt und das ganze Leben betrachtet, christlich sagen müßte: es ist krank – und falls ich ein Arzt wäre: wenn dann jemand fragte: »was meinst Du, daß geschehen muß?«

ich würde antworten: »das erste, die unbedingte Bedingung, damit etwas geschehen kann, also das erste, was geschehen muß, ist: schaffe Schweigen, bringe Schweigen zuwege, das Wort Gottes kann nicht gehört werden, und soll es, durch lärmende Mittel bedient, lärmend ausgerufen werden, um im Spektakel mit gehört zu werden, so wird es nicht Gottes Wort, s c h a f f e   S c h w e i g e n ! O, alles lärmt; und wie man von einem hitzigen Getränke sagt, daß es das Blut aufregt, so ist in unseren Zeiten jedes, selbst das unbedeutendste Unternehmen, jede, selbst die nichtssagendste Mitteilung, nur darauf berechnet, die Sinne zu erschüttern oder die Masse aufzuregen, die Menge, das Publikum, den Lärm! Und der Mensch, dieser kluge Kopf, er ist wie schlaflos geworden, um neue, neue Mittel zu erfinden, den Lärm zu vergrößern, und mit möglichst großer Hast und nach möglichst großem Maßstabe das Lärmende und das Nichtssagende zu verbreiten. Ja, die Umkehrung ist wohl bald erreicht: die Mitteilung ist wohl bald zum niedrigsten Grade der Bedeutung heruntergebracht, und gleichzeitig haben die Mittel der Mitteilung wohl ungefähr einen höchsten Grad in Hinsicht eilender und alles überschwemmender Verbreitung erreicht; denn was eilt man wohl so sehr unter die Leute zu bringen, und was hat anderseits mehr Verbreitung, als: Geschwätz! O, schaffe Schweigen.

Und dies kann das Weib. Es wird eine ganz außerordentliche Überlegenheit erfordert, wenn ein Mann durch seine Gegenwart Männern Schweigen auferlegen soll: dagegen jedes Weib vermag dies innerhalb ihrer Grenze, in ihrem Kreise, wenn sie, nicht selbstisch sondern demütig einem Höheren dienend, es will.

Wahrlich, die Natur hat das Weib nicht übervorteilt, und das Christentum auch nicht. Nun, und es ist menschlich, und so auch weiblich, innerhalb seiner Grenze auf geziemende Art seine Bedeutung haben, eine Macht sein zu wollen. So kann ein Weib auf verschiedene Weise Macht üben, durch ihre Schönheit, durch ihre Anmut, durch ihre Gaben, durch ihre kühne Phantasie, durch ihren glücklichen Sinn – sie kann auch versuchen, auf lärmende Weise eine Macht zu werden: das letztere ist unschön und unwahr, das erstere doch hinfällig und unsicher. Aber willst Du eine Macht sein, o Weib, laß mich Dir anvertrauen, wie. Lerne Schweigen; und lehre Schweigen; o Du weißt ja – ja, wenn nur eine bescheidenere Lage Dir zu teil wurde, Du weißt doch, freundlich, freundlich-einladend

Dein Haus, Dein Heim in aller Bescheidenheit nicht ohne bezaubernde Anmut einzurichten; und wenn ein reicheres Los Dir zu teil wurde, Du weißt, geschmackvoll, traulich-überredend Dein Haus, Dein Heim nicht ohne bezaubernde Anmut einzurichten; und wenn Überfluß Dir zu teil wurde, Du weißt, mit sinnigem Takt fast den Reichtum verbergend, gerade dadurch eine gewisse bezaubernde Anmut über Dein Haus, Dein Heim auszubreiten, indem Du Reichtum und Genügsamkeit vereinigst: mein Auge ist nicht blind dafür, ich habe vielleicht nur allzu viel Poetisches in mir; aber laß andere dieses preisen. Dagegen gibt es eines; wenn Du vergäßest, dies in Deinem Hause, Deinem Heim anzubringen, so mangelte das wichtigste: das ist Schweigen! Schweigen! Schweigen: das ist nicht etwas Bestimmtes, denn es besteht ja nicht darin, daß nicht gesprochen wird, nein, Schweigen ist wie die milde Beleuchtung in dem traulichen Zimmer, wie die Freundlichkeit in der bescheidenen Stube: es ist nicht das, wovon man spricht, aber es übt seine wohlthätige Macht aus. Schweigen ist wie eine Stimmung, die Grundstimmung, die nicht hervorgezogen wird, darum heißt sie gerade die Grundstimmung, weil sie zu Grunde liegt.

Aber dieses Schweigen kannst Du nicht so anbringen, wie Du z. B. Boten schickst nach jemanden, der Gardinen aufhängt; nein soll Schweigen angebracht werden, so hängt es ab von Deiner Gegenwart, oder davon, wie Du in Deinem Hause, Deinem Heim Dich verhältst. Und wenn Du dann durch Deine Gegenwart Jahr für Jahr stetig Schweigen in Deinem Hause eingeführt hast, so wird zuletzt auch dieses Schweigen in Deiner Abwesenheit da sein, ein Zeugnis von Dir, endlich, ach, eine Erinnerung an Dich!

Es gibt ein Beiwort, welches die eigentümliche Eigenschaft des Weibes bezeichnet: wie großer Unterschied auch in mannigfaltiger Hinsicht zwischen Weib und Weib sein kann, dieses wird von jedem Weibe gefordert, kein Überfluß verbirgt, keine Armut entschuldigt diesen Mangel; es ist hiermit wie mit dem Zeichen der Macht, welches die Obrigkeit trägt: es ist ein Unterschied zwischen den Personen, der eine ist der oberste, ein sehr hochstehender Mann in der Gesellschaft, ein anderer ist der geringste, ein sehr untergeordneter Mann in der Gesellschaft; aber eines haben sie gemein, das Zeichen der Macht. Diese Eigenschaft ist: H ä u s l i c h k e i t , der Charakter des Weibes, wie es der Charakter des Mannes sein soll, ein Charakter zu sein! Die zahllose Schar von Weibern mit allen diesen mannigfaltigen und mannigfaltig verschiedenen Verschiedenheiten, eines sollen sie alle gemein haben, wie sie alle das gemein haben, Weib zu sein: und das ist Häuslichkeit. Nimm eine bescheidene Bürgersfrau – wenn mit Wahrheit von ihr gesagt werden kann, daß sie häuslich ist: Ehre sei ihr; ich bücke mich ebenso tief vor ihr, wie vor einer Königin! Und anderseits, wenn die Königin nicht Häuslichkeit besitzt, so ist sie doch nur eine mäßige Madame. Nimm ein junges Mädchen, von welchem es heißt: Sünde wäre es zu sagen, daß sie eine Schönheit sei – wenn sie, wie das junge Mädchen es sein kann, häuslich ist: Ehre sei ihr! Und anderseits, eine strahlende Schönheit, und gib ihr meinetwegen allerlei Talente als Zugabe, und laß sie meinetwegen eine Berühmtheit sein – aber sie ist nicht häuslich, ja sie hat nicht einmal Ehrerbietung davor: so ist sie doch mitsamt ihren Talenten, Schönheit und Berühmtheit ein mäßiges Frauenzimmer. Häuslichkeit! Dadurch machen wir dem Weibe das große Zugeständnis, daß sie es eigentlich ist, die das Haus schafft; das junge Mädchen, selbst wenn es nie verheiratet würde, wir bestimmen gleichwohl seinen Rang nach der weiblichen Würde: Häuslichkeit. Aber Schweigen in einem Hause angebracht, das ist die Häuslichkeit der Ewigkeit!

Doch wenn Du, o Weib, dieses Schweigen sollst einführen, sollst lehren können, so mußt Du selbst in die Schule gehen. Du mußt aufpassen, Dir Zeit schaffen, wo Du selbst, jeden Tag, Dich unter dem Eindrucke des Göttlichen sammelst. Du mußt Zeit schaffen; und hast Du auch noch so viel zu besorgen, o, Du bist ja – hier kommt's wieder – Du bist ja häuslich; und wenn man häuslich mit der Zeit umgeht, so findet man wohl Zeit. Darauf mußt Du achten. Der Mann hat so viel zu bewältigen, so viel mit dem Lärmenden zu thun und nur allzu viel; achtest Du nicht darauf, daß alles in Ordnung sei, daß das Schweigen da sei, so kommt nie das Schweigen in Dein Haus hinein.

Achte darauf wohl! Denn in diesen Zeiten lernt ein Mädchen so viel im Institut beides Englisch und Französisch und Zeichnen, und zu Hause lernt sie gewiß manche nützliche Sache: es ist nur die Frage, ob sie in diesen Zeiten das lernt, was das wichtigste ist, das, was sie später lehren soll, denn es sind doch nur einzelne, die später dazu kommen, Englisch und Französisch zu lehren, ob sie lernt:

Schweigen. Ich weiß es nicht; aber Du, Du sei aufmerksam in dieser Hinsicht, es ist ja Deine Aufgabe, das Schweigen anzubringen. Denke an das Wort des Apostels von der Selbstbetrachtung im Spiegel des Wortes! Denn ein Weib, was sich viel spiegelt, wird eitel und in Eitelkeit geschwätzig! Ach, und ein Weib, was sich im Spiegel der Zeit spiegelt, wird laut und lärmend! O, aber ein Weib, was sich im Spiegel des Wortes spiegelt, wird schweigsam! Und wird sie das, so ist das vielleicht der stärkste Ausdruck dafür, daß sie nicht eine vergeßliche Leserin oder Hörerin ist. Der, welcher, nachdem er sich im Spiegel des Wortes betrachtet hatte, ein Redender wurde, – kann vielleicht dadurch bekunden, daß er nicht vergessen hat: aber der, welcher schweigsam wurde, – der hat gewiß nicht vergessen. Du weißt es ja: Der, der sich verliebte – und ein Redender wurde: nun ja! aber schweigsam werden: das ist sicherer.

Apostelgeschichte Kap. 1, V. 1-12.

Die erste Rede habe ich zwar gethan, lieber Theophile, von allem dem, das Jesus anfing, beides zu thun und zu lehren, bis an den Tag, da er aufgenommen ward, nachdem er den Aposteln (welche er hatte erwählet) durch den heiligen Geist Befehl gethan hatte; welchen er sich nach seinem Leiden lebendig erzeigt hatte durch mancherlei Erweisungen, und ließ sich sehen unter ihnen vierzig Tage lang, und redete mit ihnen vom Reiche Gottes. Und als er sie versammelt hatte, befahl er ihnen, daß sie nicht von Jerusalem wichen, sondern warteten auf die Verheißung des Vaters, welche ihr habt gehört (sprach er) von mir. Denn Johannes hat mit dem Wasser getauft; ihr aber sollt mit dem heiligen Geist getauft werden, nicht lange nach diesen Tagen. Die aber, die zusammen gekommen waren, fragten ihn, und sprachen: Herr, wirst Du auf diese Zeit wieder aufrichten das Reich Israel? Er sprach aber zu ihnen: Es gebührt Euch nicht zu wissen Zeit oder Stunde, welche der Vater seiner Macht vorbehalten hat; sondern ihr werdet die Kraft des Heiligen Geistes empfangen, welcher auf euch kommen wird, und werdet meine Zeugen sein zu Jerusalem, und in ganz Judäa und Samaria, und bis an das Ende der Erde. Und da er solches gesagt, ward er aufgehoben zusehends, und eine Wolke nahm ihn auf vor ihren Augen weg. Und als sie ihm nachsahen gen Himmel fahrend, da standen bei ihnen zwei Männer in weißen Kleidern, welche auch sagten: Ihr Männer von Galiläa, was stehet ihr und seht gen Himmel? Dieser Jesus, welcher von euch ist aufgenommen gen Himmel, wird kommen, wie ihr ihn habt gesehen gen Himmel fahren.

Gebet.

Herr Jesu Christe, Du, der Du Dein Schicksal vorauswußtest, und Dich doch nicht zurückzogst; Du, der Du Dich dann in Armut und Niedrigkeit geboren werden ließest, darauf in Armut und Niedrigkeit die Sünde der Welt trugst, ein Leidender, bis Du, verhaßt, verlassen, verspottet, verspeiet, endlich auch von Gott verlassen, Dein Haupt in dem schmachvollen Tode neigtest! O, Du erhobst es doch wieder, Du ewiger Siegesfürst, Du, der Du zwar nicht im Leben über Deine Feinde, aber im Tode selbst über den Tod siegtest; Du erhobst, für ewig siegreich, wieder Dein Haupt, Du gen Himmel Gefahrener! Daß wir Dir nachfolgen möchten!

Christus ist der Weg.

(Am Himmelfahrtstage)

Christus ist der Weg. Das sind seine eigenen Worte, so muß es wohl die Wahrheit sein.

Und dieser Weg ist s c h m a l. Das sind seine eigenen Worte, so muß es wohl Wahrheit sein. Ja, ob er es auch nicht gesagt hätte, es würde doch Wahrheit sein. Hier hast Du ein Beispiel davon, was »predigen« im höchsten Sinne ist. Denn ob Christus auch nie gesagt hätte: »die Pforte ist eng, und der Weg ist schmal, der zum Leben führet«, – sieh ihn an, und Du siehst gleich: d e r Weg ist schmal. Und eine ganz anders stetige und ganz anders eindringliche Verkündigung dessen, daß der Weg schmal ist, ist ja dies, daß sein Leben jeden Tag, jede Stunde, jeden Augenblick ausdrückt: der Weg ist schmal – als wenn sein Leben es nicht ausgedrückt, und er dann einige Male verkündigt hätte: der Weg ist schmal. Du siehst hier zugleich, daß es der größtmögliche Abstand von der wahren Christentums-Verkündigung ist, wenn ein Mann, dessen Leben täglich und stündlich und in jedem Augenblick das Gegenteil davon ausdrückt, etwa eine halbe Stunde lang das Christliche predigt. Eine solche Verkündigung verwandelt das Christliche in sein gerades Gegenteil. In jenem alten Gesang: »Herr Gott, Dich loben wir«, der die verschiedenen Verkündigungen des Wortes nennt, wird daher auch nicht diese Art der Verkündigung genannt, die Erfindung einer späteren Zeit – »wo das Christentum vollkommen gesiegt hat«. Im Gesang heißt es: »Der heiligen zwölf Boten Zahl und die lieben Propheten all«. – Das ist das Außerordentliche: Propheten und Apostel. Nun kommt eine ganze Schar, ein Gewimmel von Menschen – da kommen denn wir beide Du und ich mit, denke ich – ja, höre nur: »Die teuren Märtyrer allzumal loben Dich, Herr, mit großem Schall«. Und dann ist's vorbei. Dies ist die wahre Verkündigung der Lehre, daß der Weg schmal ist; der Verkündiger spottet nicht seiner selbst, wie er es thäte, wenn der Weg, den er selber geht, breit wäre, während er doch (vielleicht gerührt überzeugend, vielleicht nicht ohne Thränen – doch vielleicht fällt es ihm auch nicht schwer, zu weinen!) verkündigt, daß der Weg schmal ist, nämlich nicht der, auf dem er wandelt. Nein, das Leben des Verkündigers drückt die Lehre aus: der Weg ist schmal; es ist nur Ein Weg da, der, auf welchem der Verkündiger wandelt, verkündend, daß »der Weg« schmal ist. Es sind nicht zwei Wege da, ein leichter, gebahnter, auf dem der Verkündiger wandelt, während er verkündet, daß »der Weg« schmal sei, nämlich der wahre Weg, der Weg, auf dem er nicht wandelt, so daß seine Verkündigung die Menschen einladet, Christo auf dem schmalen Wege nachzufolgen, während sein Leben, was natürlich eine weit größere Macht ausübt, sie einlädt, dem Verkündiger aus dem leichten, gebahnten Wege nachzufolgen. Ist das Christentum? Nein, christlich sollen Leben und Verkündigung dasselbe ausdrücken, nämlich dieses: »der Weg« ist schmal.

Und dieser Weg, welcher Christus ist, dieser schmale Weg, ist s c h m a l i n s e i n e m A n f a n g e.

Christus wird in Armut und Niedrigkeit geboren! fast wird man versucht, zu denken, es sei nicht ein Mensch, der da geboren wird – er wird in einem Stalle geboren, in eine Krippe gelegt, und, wunderlich genug, wird ihm doch schon als Kind von den Machthabern nachgestellt, so daß die armen Eltern mit ihm flüchten müssen. Das ist in Wahrheit sogar ein merkwürdig schmaler Weg, denn wenn man in Hoheit geboren wird, z.B. als Thronerbe, ja, dann kann es wohl geschehen, daß man den Nachstellungen der Mächtigen ausgesetzt ist; aber in einem Stalle geboren werden – das ist Armut und Dürftigkeit, die drückend genug sein kann; dann pflegt man aber sonst auch von den Nachstellungen der Mächtigen befreit zu sein.

Aber wie er bei der Geburt nicht zur Hoheit bestimmt scheint, so bleibt es auch ungefähr wie es im Anfang war: er lebt in Armut und Niedrigkeit, hat nicht, da er sein Haupt hinlege.

Dies würde wohl schon genug sein, um, menschlich geredet, von einem Wege zu sagen, daß er schmal sei. Und doch ist dies noch das Leichteste auf dem schmalen Weg.

Ganz anders schmal ist der Weg, und gleich von Anfang an. Denn sein Leben ist gleich von Anfang an eine Versuchungsgeschichte; die Versuchungsgeschichte ist nicht bloß ein einzelner Abschnitt aus seinem Leben, vierzig Tage, nein sein ganzes Leben ist, wie es auch Leidensgeschichte ist, so Versuchungsgeschichte. Er ist versucht in jedem Augenblicke seines Lebens – das heißt, er hat die Möglichkeit in seiner Gewalt, mit seinem Beruf, seiner Aufgabe leichtfertig umzugehen. In der Wüste ist Satan der Versucher, sonst sind es andere, welche die Rolle des Versuchers spielen, bald das Volk, bald die Jünger, vielleicht daß auch einmal, besonders im Anfang, die Mächtigen sich darin versucht haben, ihn zu verlocken, seinen Beruf, seine Aufgabe zu einer weltlichen zu machen – und dann wäre er auf die eine oder andere Weise etwas Großes in der Welt geworden, König und Herrscher, – der einzige Wunsch seiner geliebten Jünger, so daß er ja versucht sein konnte, um ihretwillen ein wenig nachzugeben, anstatt sie, menschlich geredet, so unglücklich wie möglich machen zu müssen. Wenn andere mit ungeheurer Anstrengung gleich von Anfang an kämpfen, um Könige, um Herrscher zu werden: er hat mit einer unendlich größeren Anstrengung gleich von Anfang an sich dagegen wehren müssen, daß man ihn nicht zum Könige und Herrscher machte. O, schmaler Weg! Schmal genug, wenn das Leiden unvermeidlich, wenn kein Ausweg da ist: schmaler, wenn in jedem Augenblicke des Leidens ach, und jeder Augenblick war Leiden! die furchtbare Möglichkeit da ist, die ihm fast aufgedrungen wird, diese Möglichkeit, so leicht mehr als Linderung, ja Sieg und alles, was ein irdisches Herz begehren konnte, schaffen zu können! Schmaler Weg, den doch so mancher wahre Nachfolger hat zurücklegen müssen, wenn auch nach einem geringeren Maßstabe! Das allgemein Menschliche ist, danach zu verlangen, für etwas Großes angesehen zu werden; und die allgemeine Fälschung besteht darin, sich für mehr auszugeben, als man ist. Das religiöse Leiden fängt anders an. Durch das Verhältnis zu Gott fühlt der Berufene sich auf die Weise mächtig, daß er nicht gerade von dem Verlangen, für mehr angesehen zu werden, versucht wird. Nein, aber in demselben Augenblicke durchzuckt ihn eine Todesangst; denn er versteht: diese Art Begabung pflegt der sichere Untergang zu sein. Und dann ist die Versuchung die, weniger von sich selber auszusagen, als was wahr ist. Das wird niemand, niemand mit ihm wissen können, außer Gott; und thut er das, dann wartet Freude und Jubel und Herrlichkeit seiner, denn dann siegt er – er soll sich also gerade dagegen wehren, zu siegen. Schmaler Weg!

Der Weg ist schmal gleich von Anfang an; denn er weiß gleich von Anfang an sein Schicksal voraus. O, furchtbares Gewicht des Leidens gleich von Anfang an! Es gab manchen, manchen, der freudig, fast jubelnd in den Kampf mit der Welt ging; er hoffte, er würde siegen. Das geschah nicht, die Sache bekam eine andere Wendung; aber selbst in dem Augenblicke, als es am allermeisten nach unvermeidlichem Untergange aussah, selbst in dem Augenblicke war doch vielleicht in ihm ein menschliches Hoffen, noch könne es sich zum Siege wenden, oder ein frommes Hoffen, noch könne sich alles zum Siege wenden, da bei Gott alle Dinge möglich seien. Aber Christus wußte sein Schicksal von Anfang an, wußte, daß es unvermeidlich war – er wollte es ja selbst, er ging ihm ja selbst frei entgegen! Furchtbares Wissen gleich von Anfang an! Als das Volk, im Anfange seines Lebens, ihm entgegenjubelt, – er weiß in demselben Augenblicke, was es bedeutet; daß es dieses Volk ist, welches »kreuzige!« rufen wird. »Warum will er sich denn mit dem Volke einlassen?« Vermessener, wagst Du so zum Erlöser des Menschengeschlechts zu sprechen? Nun thut er wieder ein Werk der Liebe gegen dieses Volk, und ein anderes war sein ganzes Leben nicht, aber er weiß in demselben Augenblick, was das bedeutet, daß auch dieses Werk der Liebe mit dazu gehört um ihn an's Kreuz zu bringen; hätte er hier sich selbst geliebt und es unterlassen, das Werk der Liebe zu thun, so wäre vielleicht seine Kreuzigung zweifelhaft geworden. »Aber dann hätte er ja das Werk unterlassen können!« Vermessener, wagst Du so zum Heiland der Welt zu sprechen! O, schmaler Weg! Schmaler Weg, den doch so mancher wahre Nachfolger hat zurücklegen müssen, wenn auch nach einem geringeren Maßstabe! Es ist für ein menschliches Herz ein frohes Gefühl, sich zu vergewissern, welche Kräfte ihm verliehen sind. So gibt es einen Augenblick im Anfang, wo der »Berufene« gleichsam seine Kräfte erfaßt, froh und dankbar wie ein Kind für das, was ihm verliehen ward. Und wie ein Kind begehrt er vielleicht noch mehr, doch demütig; und es wird ihm verliehen. Und noch mehr begehrt er, und es wird verliehen. Er wird fast selbst überwältigt, er sagt: »nein, nun begehre ich nicht mehr.« Aber es ist, als wenn eine Stimme da wäre, die zu ihm sagte: »o mein Freund, das ist nur ein geringer Teil von dem, was Dir verliehen ist«. Da erblaßt er, der Berufene, er sinkt fast ohnmächtig zusammen, er sagt: »o mein Gott, ich verstehe; so ist denn mein Geschick schon entschieden, mein Leben dem Leiden geweiht, geopfert. Und das soll ich jetzt schon verstehen können!« Schmaler Weg!

Ja, der Weg ist schmal gleich von Anfang an; denn er weiß gleich von Anfang an, daß er mit seinen Arbeiten sich selbst entgegen arbeitet. O, schmal kann der Weg wohl sein, wo Du nur Erlaubnis bekommst, alle Deine Kräfte zu brauchen, um durchzudringen, so daß der Widerstand von außen kommt; aber wenn Du Deine Kräfte brauchen sollst, um Dir selbst entgegenzuarbeiten: das ist, als ob es unendlich zu wenig gesagt wäre, daß der Weg schmal ist, er ist ja eher unpassierbar, gesperrt, unmöglich, wahnsinnig! Und doch ist der Weg, von dem es gilt, daß Christus der Weg ist, gerade auf die Weise schmal. Denn das Wahre, das Gute, was er will – wenn er es nicht fahren läßt, wenn er mit allen Kräften dafür thätig ist, so arbeitet er sich in den gewissen Untergang hinein. Und anderseits: wenn er zu rasch die ganze Wahrheit einsetzt, so wird sein Untergang zu früh kommen; er muß also, sich selbst entgegenarbeitend, eine Zeitlang scheinen, auf den Sinnenbetrug einzugehen, um sich desto mehr den Untergang zu sichern. Schmaler Weg! Auf dem Wege wandeln, das ist gleich im Anfang schon wie sterben! Allmächtig, gleichsam Allmachts-Kräfte haben; Mensch sein, und somit fähig, alle menschlichen Leiden durchkosten zu können: und dann diese Allmachts-Kräfte brauchen zu sollen, um sich selbst entgegenzuarbeiten, und dies gleich von Anfang an zu wissen – o, gleich von Anfang an schmaler Weg!

Und dieser Weg, welcher Christus ist, dieser schmale Weg wird dann in seinem Fortgang schmäler und schmäler bis zum Äußersten, bis zum Tode.

Er wird schmäler; also er wird nicht nach und nach breiter. Nein, ein Weg, der nach und nach breiter wird, von dem gilt nicht, daß Christus der Weg ist. Ein solcher Weg ist der, auf welchem menschliche Klugheit und Verstand wandeln. Der eine hat vielleicht mehr Klugheit, größeren Verstand, als der andere, vermag daher zu wagen und länger auszuhalten, aber stets gilt, daß Verstand und Klugheit berechnen können, und wenn dann längere oder kürzere Zeit Leiden und Anstrengungen getragen sind, so wird der Weg breiter, und man siegt noch im Leben. Dagegen, auf einem Wege, der schmäler und schmäler wird bis zum Äußersten: auf dem wandeln Klugheit und Verstand niemals: – »das wäre ja Tollheit«.

Doch mag es nun Tollheit oder Klugheit sein, es ist so: der schmale Weg wird schmäler.

»Ich bin gekommen, daß ich ein Feuer anzünde auf Erden, und was wollte ich lieber, denn es brennete schon!« Das ist ein Seufzer – der Weg ist schmal. Ein Seufzer! Was ist ein Seufzer? Ein Seufzer bedeutet, daß etwas da drinnen eingesperrt ist, etwas, das heraus will, aber doch nicht herauskommen kann oder darf, etwas das Luft haben will; dann seufzt der Mensch und macht sich Luft, um nicht umzukommen, indem er nach Luft schnappt, um nicht umzukommen. Ich bin gekommen, daß ich ein Feuer anzünde auf Erden, und was wollte ich lieber, denn es brennete schon! Wie soll ich dies Leiden beschreiben! Laß mich's versuchen; aber laß mich gleich im voraus den Versuch widerrufen und sagen, er ist nur ein ohnmächtiges Nichts, falls er das Leiden beschreiben sollte. Denke Dir denn ein Schiff, aber Du kannst es Dir ja unendlich größer denken, als wie es in der Wirklichkeit gesehen wird; denke Dir, um doch etwas zu sagen, daß es hunderttausend Menschen fassen könnte. Es ist in der Kriegszeit, in der Schlacht – und der Plan des Krieges erfordert: es muß in die Luft gesprengt werden. Denke Dir den Befehlshaber, der dies Feuer anzünden soll! Und dies ist doch nur ein elendes, nichtssagendes Bild. Denn was sind hunderttausend Menschen gegen das ganze Geschlecht, und was ist das, einträchtig in die Luft gesprengt zu werden, gegen das Entsetzen bei dem Feuer, das Christus anzünden sollte, und das, sprengend, wider einander erregen sollte Vater und Sohn, Sohn und Vater, Mutter und Tochter, Tochter und Mutter, Schwiegermutter und Schwiegertochter, Schwiegertochter und Schwiegermutter – und wo die Gefahr nicht die des Todes, sondern der Verlust einer ewigen Seligkeit ist! »Ich bin gekommen, daß ich ein Feuer anzünde auf Erden, und was wollte ich lieber, denn es brennete schon!« Doch der Augenblick, der furchtbare, ist noch nicht da, während der Augenblick vorher doch nicht minder furchtbar ist, wo man seufzt: o, wäre es erst geschehen!

»O, Du ungläubige Art! Wie lange soll ich bei euch sein? Wie lange soll ich euch dulden?« Das ist ein Seufzen. Es ist, wie wenn der Kranke, nicht auf dem Kranken-, sondern auf dem Totenbette – denn es ist keine leichte Krankheit, er ist aufgegeben! – sich ein wenig aufrichtet, den Kopf vom Kissen aufhebt und sagt: wie viel Uhr ist es? – Der Tod ist das gewisse, die Frage ist nur: wie lange währt es noch? wie viel Uhr ist es? Doch der Augenblick, der furchtbare, ist noch nicht gekommen, während der Augenblick vorher doch nicht minder furchtbar ist, wo der Leidende seufzt; wie lange habe ich noch zu dulden?

So ist er denn zum letztenmal mit seinen Aposteln bei dem Mahle versammelt, das ihn herzlich verlanget hatte mit ihnen zu halten, ehe denn er stürbe. Wehrlos ist er wie immer. Wehrlos. Ja, denn er hätte sich ja doch in einer Hinsicht wehren können. Er hätte – und das wäre eine Milde gewesen, die wir Menschen schon unendlich hätten bewundern müssen – er hätte zu Judas sagen können: bleibe weg, komm nicht zu diesem Mahl, Deine Erscheinung berührt mich schmerzlich. Oder er hätte einen der Apostel bitten können – ohne ihm doch anzugeben, was er von Judas wußte – diesem zu sagen, daß er nicht kommen solle. Aber nein! sie sind alle versammelt. Da spricht er zu Judas: »was Du thust, das thue bald!« Das ist so ein Seufzer. Nur bald! Ein Seufzer, der tief und langsam Atem holt: nur bald! Das lautet, wie wenn einer eine ungeheure Aufgabe zu lösen hat; angestrengt fast über seine Kräfte, fühlt er doch, daß er noch für den nächsten Augenblick Kraft hat – »einen Augenblick länger, und ich bin vielleicht geschwächt, nicht mehr ich selbst« – und darum: nur bald! Was Du thust, thu' es bald!

Dann erhebt er sich vom Tische und geht hinaus in den Garten Gethsemane; da sinkt er hin: o, daß es bald geschehen wäre! Er sinkt hin, dem Tode nahe, ja, war er wohl eigentlich mehr ein Sterbender am Kreuze als in Gethsemane? War am Kreuze das Leiden ein To- deskampf: o, dieser Kampf im Gebet der ging auch an's Leben, war auch nicht ohne Blut, denn sein Schweiß fiel wie Blutstropfen zur Erde!

Dann erhebt er sich gestärkt: Dein Wille geschehe, Vater im Himmel!

Dann küßt er den Judas – hast Du so etwas gehört! – dann wird er ergriffen, angeklagt, verurteilt! Das war ein ordentliches Gerichts- verfahren, das war menschliche Gerechtigkeit! Es war da ein Volk, dem er wohlgethan hatte; er hatte wahrlich nichts für sich gewollt; jeder Tag seines Lebens und jeder Gedanke war ihm geopfert: dies Volk ruft »kreuzige ihn, kreuzige ihn!« Dann war da ein Landpfle- ger, der sich vor dem Kaiser fürchtete, ein gebildeter Mann, der daher auch nicht die wichtige Sache versäumt, »seine Hände zu waschen« – und dann wurde er verurteilt! O, menschliche Gerechtigkeit! Ja in stillem Wetter, wenn alles seinen ruhigen Gang geht, dann wird so ein wenig Gerechtigkeit geübt; aber jedesmal, wo das Außerordentliche kommt: o, menschliche Gerechtigkeit! O, menschliche Bildung, welches ist wohl eigentlich Dein Unterschied von dem, was Du am meisten verabscheust, der Ungebildetheit, der Roheit der Menge! Daß Du dasselbe thust, wie sie, aber Du achtest auf die Form, es nicht zu thun mit ungewaschenen Händen: o, menschliche Bildung!

Dann wird er an's Kreuz geschlagen – und dann nur noch ein Seufzer, dann ist's vorbei. Ein Seufzer noch, der tiefste, der am meisten Entsetzen erregt: »mein Gott, mein Gott, warum hast Du mich verlassen!« Diese Demütigung ist das Äußerste des Leidens. Du wirst bei seinen Nachfolgern im strengeren Sinne, den Blutzeugen, schwache Andeutungen von ebendemselben finden. Die haben sich auf Gott und auf Gottes Beistand berufen; von allen verlassen haben sie – ja, was Wunder wohl! – sich stark gefühlt durch Beistand. Da kommt zuletzt ein Augenblick, und der Seufzer lautet: »Gott hat mich verlassen; also ihr bekamt recht, ihr meine Feinde, jubelt nun, alles, was ich gesagt habe, war nicht wahr, war Einbildung, nun zeigt es sich: Gott ist nicht mit mir, er hat mich verlassen«. O, mein Gott! Und nun er, der von sich gesagt hatte, er sei der Eingeborene vom Vater, eins mit dem Vater; eins mit dem Vater – aber sind sie eins, wie kann denn der Vater ihn einen Augenblick verlassen! Und doch sagt er: mein Gott, mein Gott, warum hast Du mich verlassen! Also war es ja nicht Wahrheit, daß er eins war mit dem Vater. O, Äußerstes eines übermenschlichen Leidens; o, ein menschliches Herz wäre früher gebrochen, nur der Gott-Mensch mußte dieses Äußerste völlig ausdulden. – Dann stirbt er.

M. Z., denke nun daran, was wir zu Anfang sagten: dieser Weg ist schmal – ist er es nicht? Doch wir gehen weiter; und C h r i s t u s i s t d e r W e g. Christus ist der Weg: er betritt den Weg: er besteigt den Berg, eine Wolke nimmt ihn auf vor den Augen der Jünger weg, er fuhr gen Himmel – und er ist der Weg.

Vielleicht sagst Du: »ja, und davon sollte heute die Rede sein, nicht, wie Du geredet hast, fast als wenn es ein Stillfreitag wäre.« O, mein Freund, bist Du ein solcher, daß Du genau auf Tag und Stunde in eine bestimmte Stimmung kommen kannst, oder nimmst Du an, das Christentum meine, daß wir so sein sollen, oder nicht vielmehr, daß wir so viel wie möglich die verschiedenen Momente des Christlichen zusammenfügen sollen? Gerade am Himmelfahrtstage muß dessen gedacht werden, daß er der schmale Weg ist; denn sonst könnten wir leicht die Himmelfahrt mißbrauchen. Erinnere Dich, der Weg war schmal bis zum Äußersten, der Tod tritt dazwischen – dann folgt die Himmelfahrt. Es war nicht mitten auf dem Wege, daß er gen Himmel fuhr, es war nicht einmal am Ende des Weges; denn der Weg endigt am Kreuze und im Grabe. Die Himmelfahrt ist nicht geradezu eine Fortsetzung des Vorhergehenden, wahrlich, nein! Und ein schmaler Weg, der doch noch in diesem Leben leichter und leichter wird, der steigt denn auch nie so hoch hinauf, selbst wenn er zu den höchsten Siegen führt, nie so hoch, daß es eine Himmelfahrt wird. Aber jeder Lebende ist ja – wenn er überhaupt auf dem rechten Wege und nicht auf einem Abwege ist – er ist ja auf dem schmalen Wege.

Es soll daher freilich wohl von der Himmelfahrt geredet werden, und davon, daß Christus der Weg ist: o, was die Himmelfahrt betrifft, damit ist so leicht durchzukommen; aber daß wir nur dazu gelangen! und dazu gelangen wir am allerwenigsten dadurch, daß wir nur an die Himmelfahrt denken wollen, ob Du Dich auch erheben lassest durch den Gedanken an seine Himmelfahrt.

Er fuhr gen Himmel: so hat niemals jemand gesiegt! Eine Wolke nahm ihn vor ihren Augen weg: so ist niemals ein Triumphierender von der Erde aufgehoben worden! Sie sahen ihn nicht mehr: so wurde der Triumph sonst nie das Letzte bei jemanden! Er sitzet zur Rechten der Kraft – also der Triumph endigt nicht mit der Himmelfahrt? nein, damit beginnt er: so hat niemals jemand triumphiert! Er kommt wieder mit den Heerscharen der Engel – also der Triumph endigt nicht damit, daß er den Platz zur Rechten des allmächtigen Vaters einnahm? nein, das war nur das Ende des Anfangs: o, ewiger Siegesfürst!

*

M. Z., auf welchem Wege wandelst Du im Leben? Denke an das, was ich zu mir selber sage: nicht von jedem schmalen Wege gilt es, daß Christus der Weg ist, auch nicht, daß er zum Himmel führt.

Ein frommer Mann hat gesagt, daß es den Menschen ebensoviel oder noch mehr Mühe koste, zur Hölle zu fahren, als in den Himmel zu kommen. Es ist also ein schwerer Weg, der des Verderbens; aber Christus ist nicht dieser Weg, und der führt auch nicht zum Himmel. Es ist auf diesem Wege Unruhe und Angst und Qual genug, insofern ist der Weg wahrlich schwer, der Weg zum Verderben; der Weg, der zum Unterschied von den anderen Wegen, von denen wir gesprochen haben (dem Wege, der im Anfang schmal ist, und breiter und breiter wird, und dem schmalen Wege, der schmäler und schmäler wird), daran kenntlich ist, daß er im Anfang so leicht scheint, aber schrecklicher und schrecklicher wird. Denn es geht so leicht, in den Tanz der Lust einzutreten; aber wenn es dann vorwärts geht, und nun die Lust es ist, die mit dem Menschen gegen seinen Willen tanzt: das ist ein schwerer Tanz! Und es ist so leicht, den Leidenschaften den Zügel schießen zu lassen – kecke Fahrt, der man kaum mit dem Auge folgen kann! – bis dann die Leidenschaften, nachdem sie den Zügel genommen haben, der ihnen gegeben ward, in noch keckerer Fahrt – der Mensch selbst getraut sich kaum zu sehen, wohin sie fahren! ihn mit sich reißen! Und es ist so leicht, einem sündlichen Gedanken zu erlauben, sich in's Herz einzuschleichen – kein Verführer war so geschmeidig, wie ein sündlicher Gedanke es ist! es ist so leicht, es gilt hier nicht, wie sonst, daß es der erste Schritt ist, der etwas kostet, o nein, der kostet gar nichts, gerade umgekehrt, der sündliche Gedanke bezahlt teuer für sich, der erste Schritt kostet gar nichts – bis am Schlusse, wo Du teuer diesen ersten bezahlen mußt, der gar nichts kostete; denn ist der sündliche Gedanke hineingekommen, so macht er sich furchtbar bezahlt. Als Schmeichler kommt die Sünde am öftesten in einen Menschen hinein; aber wenn dann ein Mensch der Sünde Knecht geworden ist: das ist die furchtbarste Knechtschaft – ein schwerer, ein ungeheuer schwerer Weg zum Verderben.

Ferner. Es gibt auch andere schmale Wege, von welchen es doch nicht unbedingt gilt, daß Christus der Weg ist, oder daß sie zum

Himmel führen. Es gibt menschliche Leiden genug, nur allzu viele, Krankheit und Armut und Verkennung, und wer kann alle diese Leiden nennen! Jeder, der auf einem solchen Wege wandelt, geht ja auch einen schmalen Weg. Wahrlich, wir wollen nicht in hohen Worten reden, als wären diese Leiden für nichts zu achten – aber, mein Freund, Du weißt ja doch selbst, was Christentum ist, und laß mich Dich nur daran erinnern. Das, wodurch der christliche schmale Weg von dem allgemein menschlichen schmalen Wege verschieden ist, das ist: die Freiwilligkeit. Christus war nicht einer, der irdischem Gut nachstrebte, aber mit der Armut sich begnügen mußte: nein, er erwählte die Armut. Er war nicht einer, der nach Ehre und Ansehen vor Menschen trachtete, aber sich damit begnügen mußte, in Niedrigkeit, oder vielleicht als ein Verkannter oder Verläumdeter zu leben; nein, er erwählte die Erniedrigung. Dies ist im strengsten Sinne der schmale Weg. Die allgemein menschlichen Leiden sind nicht im strengsten Sinne der schmale Weg, doch kann der Weg wahrlich schmal genug sein, und Du kannst auch streben, diesen schmalen Weg der menschlichen Leiden christlich zu wandeln. Er führt, wenn Du ihn christlich wandelst, doch zum Himmel, wohin Er, der gen Himmel gefahrene, einging.

Doch ist es wahr, man hat ja an der Himmelfahrt gezweifelt.

Ja, wer hat gezweifelt? Ob einer von denen, deren Leben die Merkmale der »Nachfolge« trug? Einer von denen, die alles verließen, um Christo nachzufolgen? Einer von denen, welchen – und wenn die »Nachfolge« vorhanden ist, folgt auch dieses – die Verfolgung ihr Merkmal aufprägte? Nein, von ihnen niemand. Aber als man die »Nachfolge« abschaffte und dadurch die Verfolgung zu einer Unmöglichkeit machte, was doch in der Gaunersprache, die wir Menschen unter einander reden, nicht wie eine Anklage des Rückschritts lautete, den ein irrendes Jahrhundert im Christentum that, o bewahre, nein, es lautete wie eine Lobrede auf den unvergleichlichen Fortschritt eines aufgeklärten Jahrhunderts in der Toleranz; als man an dem Christsein abließ, so daß das ganze Christsein fast nichts wurde – und dann war denn auch nichts zu verfolgen: da kamen in dem Müßiggang und der Selbstgefälligkeit allerlei Zweifel auf. Und der Zweifel wurde wichtig, wer zweifelt daran; und man wurde sich selber wichtig, indem man zweifelte; wie man einmal, was wir wahrlich nicht billigen, aber doch besser verstehen, sich selber wichtig wurde, indem man all sein Gut den Armen gab, so wurde man nun vermutlich um den wahren Begriff des »Verdienst-lichen« an die Stelle des mittelalterlichen Mißverständnisses zu setzen, das man fromm verabscheute, man wurde sich selber wichtig, indem man zweifelte. Und während man an allem zweifelte, war noch eins außer allem Zweifel, daß man durch dieses »man muß an allem zweifeln« sich eine nichts weniger als zweifelhafte, nein, eine äußerst feste Stellung in der Gesellschaft sicherte, zugleich mit großer Ehre und Ansehen vor den Menschen.

Also, einige zweifelten. Aber dann waren wieder einige, die durch Gründe den Zweifel zu widerlegen suchten. Eigentlich ist doch wohl der Zusammenhang dieser: das erste war, daß man durch Gründe das Christentum zu beweisen, oder Gründe für das Christentum anzubringen suchte. Und diese Gründe – sie erzeugten den Zweifel, und der Zweifel wurde der stärkere. Der Beweis für das Christentum liegt nämlich eigentlich in der »Nachfolge«. Die nahm man weg. So fühlte man ein Bedürfnis nach »Gründen«; aber diese Gründe oder dies, daß Gründe da sein sollen, ist schon eine Art des Zweifelns – und dann erhob sich der Zweifel und lebte von den Gründen. Man merkte nicht, daß, je mehr Gründe man anführt, desto mehr nährt man den Zweifel, und desto stärker wird er; dem Zweifel Gründe bieten, um ihn zu töten, heißt gleichsam, einem hungrigen Ungeheuer, welches man loszuwerden wünscht, die wohlschmeckende Speise bieten, die es am meisten liebt. Nein, dem Zweifel soll man nicht – wenigstens nicht, wenn es die Absicht ist, ihn zu töten – Gründe bieten, sondern, wie Luther sagt, ihm gebieten, den Mund zu halten, und zu dem Ende selbst reinen Mund halten und nicht mit Gründen kommen.

Diejenigen dagegen, deren Leben das Merkmal der »Nachfolge« trug, die haben nicht an der Himmelfahrt gezweifelt. Erstens, weil ihr Leben zu angestrengt, zu sehr in täglichen Leiden hingeopfert war, um müßig da sitzen und sich mit Gründen und Zweifeln, gerade oder ungerade, beschäftigen zu können. Die Himmelfahrt stand ihnen fest; aber sie kamen vielleicht sogar seltener dazu, an sie zu denken oder bei ihr zu verweilen – weil ihr Leben so thätig war, und auf dem schmalen Wege. Da ist's, wie mit einem Krieger, der eine prachtvolle Tracht besitzt; er weiß sehr wohl, daß er sie hat, aber er sieht sie fast nie an, denn sein ganzes Leben geht dahin in täglichem Kämpfen und Wagen, und darum hat er eine tägliche Kleidung, um sich recht rühren zu können. Sieh, so waren die, deren Leben das Merkmal der Nachfolge trug, davon überzeugt, daß ihr Herr und Meister gen Himmel fuhr. Und was dazu beitrug, das war wieder die Nachfolge. Alle diese täglichen qualvollen Leiden, die sie tragen mußten, alle diese Opfer, die sie bringen mußten, all dieser Widerstand der Menschen, Hohn und Spott und Schimpf und blutige Grausamkeit, alles dies brachte mit Macht in den »Nachfolgern« den Drang hervor, der, wie die Himmelfahrt die Naturgesetze sprengt oder mit ihnen streitet, das ist ja die Einwendung des Zweifels, so die bloß menschlichen Trostgründe sprengt – wie sollten diese auch Den trösten können, der leiden muß, weil er Gutes thut! –; den Drang, den es nach einer anderen Art von Trost drängt, der nach ihres Herrn und Meisters Himmelfahrt dringt, und gläubig durchdringt zu der Himmelfahrt. So ist's immer mit dem Drang in einem Menschen; Speise geht aus von dem Esser: wo der Drang ist, da bringt er gleichsam selber das hervor, wonach er dringt. Und die Nachfolger, wahrlich die bedurften seiner Himmelfahrt, um das Leben, welches sie führten, auszuhalten – nun, darum ist sie ihnen auch gewiß. Aber einer, der müßig sitzt in guten Tagen oder geschäftig von Morgen bis Abend in geschäftiger Bewegung ist, aber nie etwas um der Wahrheit willen gelitten hat, bedarf ihrer eigentlich nicht, es ist mehr etwas, was er sich einbildet, oder etwas, was er für Geld sich einbilden läßt, es ist fast mehr wie mit einem Kuriosum, daß er sich mit dieser Himmelfahrt beschäftigt – und dann zweifelt er, natürlich, er hat auch keinen Drang; oder er erfindet einige Gründe, oder ein anderer ist so gut, ihm drei Gründe dafür – zu überlassen! nun ja, sein Drang ist denn auch nicht eben groß!

Und nun Du, m. Z., was thust Du? Zweifelst Du an der Himmelfahrt? Wenn das, so thue wie ich, sage zu Dir selbst: ja, von solchem Zweifel macht man nicht viel Aufhebens, ich weiß sehr wohl, woher er kommt, nämlich daher, daß ich mich selbst in Hinsicht der »Nachfolge« geschont haben muß, daß mein Leben in dieser Hinsicht nicht angestrengt genug ist, daß ich zu gute Tage habe, mich selbst vor den Gefahren verschone, die mit dem Zeugen für die Wahrheit und wider die Unwahrheit verbunden sind. Thu' Du nur so! Aber vor allem werde nicht Dir selber wichtig, indem Du zweifelst; es ist – das versichere ich Dir! – auch nicht irgend ein Grund dazu vorhanden, da alles solches Zweifeln eigentlich Selbstanklage ist. Nein, lege Dir selbst und Gotte das Geständnis ab, und Du wirst sehen, eins von beiden wird geschehen, entweder wirst Du bewogen werden, Dich in Hinsicht der »Nachfolge« weiter hinaus zu wagen – und dann kommt die Gewißheit über die Himmelfahrt sogleich; oder Du demütigst Dich, daß Du Dein selbst geschont hast, daß Du ein Altweiberpastor geworden bist, und dann wirst Du Dir wenigstens nicht erlauben, zu zweifeln, sondern demütig sprechen: »will Gott so gnädig sein, mich wie ein Kind zu behandeln, das fast ganz vor den Leiden der »Nachfolge« verschont wird, so will ich wenigstens nicht ein unartiges Kind sein, das obendrein an der Himmelfahrt zweifelt«. O, wenn Du bewundert, geschmeichelt, angesehen, in Überfluß lebst, so bist Du in Versuchung, so manches Wort zu sagen und an so vielem teilzunehmen, was Du doch vielleicht lieber unterlassen möchtest, und wofür Du – denke daran! – doch Rechenschaft ablegen sollst – – und zugleich geht Dir die Himmelfahrt so leicht aus dem Sinn, vielleicht zweifelst Du sogar, wenn Du einmal darüber nachdenkst, und sagst: eine Himmelfahrt, das streitet ja gegen alle Naturgesetze, gegen den Geist – doch wohl nur den Naturgeist! – in der Natur. Aber wenn Du für eine gute Sache – denn sonst nützt es ja nicht, und wenn dem so ist, streitet das Verhältnis ja auch gegen alle bloß menschlichen Begriffe: zu leiden, weil man wohl thut, weil man recht hat, weil man liebevoll ist – wenn Du für eine gute Sache verlassen, verfolgt, verspottet, in Armut lebst: Du wirst sehen, dann zweifelst Du nicht an seiner Himmelfahrt; denn Du bedarfst ihrer. Und nicht einmal so viel ist nötig, um den Zweifel zu hemmen; denn wenn Du Dich nur vor Gott demütigst im Bekenntnis, daß Dein Leben nicht das Merkmal eines Nachfolgers im strengeren Sinne trägt, wenn Du Dich darunter demütigst, so wirst Du Dich nicht vermessen zu zweifeln. Wie solltest Du darauf verfallen können, Dich mit einem Zweifel zu melden, wenn Dir die Antwort werden müßte: gehe erst hin und werde ein Nachfolger im strengeren Sinne, nur ein solcher hat Erlaubnis mitzusprechen – und von ihnen hat keiner gezweifelt.

Apostelgeschichte Kap. 2, V. 1-12.

Und als der Tag der Pfingsten erfüllet war, waren sie alle einmütig bei einander. Und es geschah schnell ein Brausen vom Himmel, als eines gewaltigen Windes, und erfüllete das ganze Haus, da sie saßen. Und man sah an ihnen die Zungen zerteilet, als wären sie feurig, und er setzte sich auf einen jeglichen unter ihnen. Und wurden alle voll des Heiligen Geistes, und fingen an, zu predigen mit neuen Zungen, je nachdem der Geist ihnen gab auszusprechen. Es waren Juden zu Jerusalem wohnend, die waren gottesfürchtige Männer, aus allerlei Volk, das unter dem Himmel ist. Da nun diese Stimme geschah, kam die Menge zusammen und wurden bestürzt; denn es hörte ein jeglicher, daß sie mit seiner Sprache redeten. Sie entsetzten sich aber alle, verwunderten sich, und sprachen unter einander: Siehe, sind nicht diese alle, die da reden, aus Galiläa? Wie hören wir denn ein jeglicher seine Sprache, darinnen wir geboren sind? Parther und Meder und Elamiter, und die wir wohnen in Mesopotamien, und in Judäa und Kappadozien, Pontus und Asien, Phrygien und Pamphylien, Ägypten, und an den Enden der Lybien bei Cyrene, und Ausländer von Rom, Juden und Judengenossen, Kreter und Araber: wir hören sie mit unseren Zungen die großen Thaten Gottes reden.

Gebet.

Du heiliger Geist, Du, der Du lebendig machst, segne Du auch diese unsere Versammlung, den Redenden, den Hörenden; frisch vom Herzen soll es mit Deinem Beistande kommen, laß Du es auch zu Herzen gehen!

*

A. Z. Wenn Du achten willst, nicht auf die Rede, die an Festtagen in unseren Kirchen, sondern auf die, welche an den Werktagen, und übrigens auch am Sonntage außen vor unseren Kirchen gangbar ist: Du wirst kaum jemanden finden, der nicht glaube – z. B. an den »Geist der Zeit«. Selbst der, welcher in der Mittelmäßigkeit beglückt, vom Höheren Abschied nahm, ja selbst der, der längst den Rücksichten der Erbärmlichkeit oder dem verächtlichen Dienste schlechten Gewinns fröhnet, selbst der glaubt steif und fest an den Geist der Zeit. Nun; das versteht sich, etwas Hohes ist es eben auch nicht, woran er glaubt, denn der Geist der Zeit ist wohl nicht höher, als die Zeit, bleibt an der Erde, so daß er als Geist wohl zunächst mit den Nebeln des Moors verglichen werden könnte; aber er glaubt doch an Geist. Oder er glaubt an den »Weltgeist«, diesen starken Geist – ja stark in Lockungen; diesen kräftigen Geist – ja, kräftig in Verirrungen; diesen sinnreichen Geist – ja, sinnreich im Betrug; diesen Geist, den das Christentum einen bösen nennt – so daß es denn insofern nicht etwas sehr Hohes ist, woran er glaubt, wenn er an diesen Geist glaubt; aber er glaubt doch an Geist. Oder er glaubt an den »Menschengeist«, nicht den Geist in dem einzelnen, aber den Geist des Geschlechts, diesen Geist, der, wenn er gottverlassen ist, weil er Gott verlassen hat, abermals nach der Lehre des Christentums ein böser Geist ist – so daß es dann insofern nicht etwas Hohes ist, woran er glaubt, wenn er an diesen Geist glaubt; aber er glaubt doch an Geist.

Dagegen, sobald vom Heiligen Geiste die Rede ist, und vom Glauben an einen Heiligen Geist: wie viele, meinst Du, glauben an den? Oder wenn von einem bösen Geiste die Rede ist, dem entsagt werden soll: wie viele, meinst Du, glauben solches? Woher mag das kommen? Vielleicht daher, daß die Sache zu ernst wird, wenn es einen H e i l i g e n Geist gibt? Denn Zeitgeist und Weltgeist u. dgl., davon kann ich reden, daran kann ich glauben, und ich brauche mir nicht gerade etwas Bestimmtes dabei zu denken; das ist nur so ein Geist, aber ich bin ganz und gar nicht durch das gebunden, was ich sage; und nicht gebunden zu sein durch das, was man sagt, ist etwas, worauf man Wert legt; wie oft hört man nicht: ich will wohl das und das sagen, aber ich will nicht durch mein Wort gebunden sein. Aber davon, daß ein Heiliger Geist ist, und vom Glauben an einen Heiligen Geist kann man nicht reden, ohne sich durch sein Wort zu binden, und ferner nicht, ohne sich an diesen Heiligen Geist zu binden, indem man dem bösen Geiste entsagt: dies ist allzu ernst, sowohl daß ein Heiliger Geist ist – o Ernst! – als auch daß, um den Ernst zu sichern, ein böser Geist ist; welch ein Ernst! Ein böser Geist! Ja, der, der an den Zeitgeist, Weltgeist glaubt, der glaubt ja freilich, nach der Meinung des Christentums, an einen bösen Geist; aber dies ist nicht s e i n e Meinung, und insofern glaubt er nicht, daß ein böser Geist ist. Für ihn ist wohl im tieferen Sinne dieser Gegensatz von gut und böse gar nicht vorhanden; lose, wie er ist, oder aufgelöst, ein Zweifler in seinem Glauben, unbeständig in allen seinen Wegen, sich beugend vor jedem Lüftchen der Zeit, ist seines Glaubens Gegenstand von derselben Art: das Luftige, der Geist der Zeit; oder verweltlicht wie er ist in all seinem Dichten und Trachten, ist seines Glaubens Gegenstand und danach: der Geist der Welt.

Aber das Christentum, welches fordert, einem bösen Geiste zu entsagen, lehrt, daß ein Heiliger Geist ist. Und es ist heute dieses Heiligen Geistes Fest in der Kirche, das Pfingstfest, zur Erinnerung an den Tag, da der Geist zum erstenmal über die Apostel ausgegossen wurde. Von diesem Heiligen Geist soll daher heute geredet werden, was wir nun thun wollen, indem wir über das Wort reden:

Der Geist ist es, der da lebendig macht.

(Am ersten Pfingsttage)

M. Z. Es gibt im Verhältnis zum Christentume nichts, wozu wir Menschen von Natur mehr geneigt sind, als leichtfertig mit ihm umzugehen. Es gibt auch nicht irgend etwas Christliches, nicht eine einzige christliche Bestimmung, die nicht dadurch, daß sie eine kleine Änderung erleidet, indem man eine nähere Mittelbestimmung wegnimmt, etwas ganz anderes würde, etwas, wovon man sagen muß: »dies ist in des Menschen Herz entsprungen« – und dann ist leichtfertig damit umgegangen. Anderseits gibt es nichts, wogegen sich das Christentum mit größerer Wachsamkeit und Sorgfalt gesichert hat, als daß leichtfertig mit ihm umgegangen werde. Es gibt keine, gar keine Bestimmung dessen, was christlich ist, ohne daß das Christentum zuerst als Mittelbestimmung anbringt – den Tod, das Absterben, um dadurch das Christliche vor leichtfertiger Auffassung zu sichern. Man sagt: »das Christentum ist der sanfte Trost, ist die Lehre von dem sanften Trostgrunde« – ja, es läßt sich nicht leugnen, wenn Du nämlich erst sterben, absterben willst; aber das ist nicht so sanft! Man stellt Christum dar, man sagt: »höret seine Stimme, wie sanft einladend er alle zu sich ruft, alle Leidenden, und verheißt, ihnen Ruhe zu geben für ihre Seelen« – und in Wahrheit, so ist es, Gott verhüte, daß ich es etwas anderes sagen sollte; aber doch, doch, ehe diese Ruhe für die Seele Dir zu teil wird, und damit sie Dir zu teil werden könne, wird gefordert, was der Einladende auch sagt, was sein ganzes Leben hier auf Erden alle Tage und alle Stunden ausdrückte, daß Du erst sterbest, absterbest: ist dies so einladend? So auch mit dieser christlichen Verkündigung: der Geist ist es, der da lebendig macht. An welchem Gefühl hängt wohl ein Mensch fester, als am Gefühl des Lebens, was begehrt er stärker und heftiger, als recht das Leben in sich zu fühlen, wovor schaudert ihm mehr, als vor dem Sterben! Aber hier wird ja ein lebendigmachender Geist verkündigt. Also lasset uns zugreifen, wer will sich bedenken, bringe uns Leben, mehr Leben, daß das Lebensgefühl in mir schwellen möge, als wäre alles Leben in meiner Brust gesammelt!

Aber sollte dies wohl Christentum sein, diese schreckliche Verir-rung? Nein, nein! Diese Belebung im Geiste, sie ist nicht g e r a d e - z u eine Erhöhung des natürlichen Lebens in einem Menschen in u n m i t t e l b a r e r Fortsetzung desselben und im Zusammenhange damit – o Gotteslästerung, o schrecklich, so das Christentum leicht-fertig mißzuverstehen! – sie ist ein n e u e s Leben. Ein neues Leben, ja, und das ist keine Redensart, wie wenn wir dies Wort von diesem und jenem gebrauchen, jedesmal, wo etwas Neues anfängt, sich in uns zu regen, nein, ein neues Leben, buchstäblich ein n e u e s Le-ben; – denn, gib wohl acht darauf, der Tod tritt dazwischen, das Absterben; und ein Leben jenseit des Todes, ja, das ist ein neues Leben.

Der Tod tritt dazwischen, das ist die Lehre des Christentums, Du sollst absterben, gerade der lebendigmachende Geist ist es, der Dich tötet, das ist die erste Äußerung des lebendigmachenden Geistes, daß Du absterben mußt – so ist's, damit Du nicht mit dem Christen-tum leichtfertig umgehest. Ein lebendigmachender Geist: das ist die Einladung: wer wollte nicht gerne zugreifen! Aber erst sterben: das ist die Hemmung!

Der Geist ist es, der da lebendig macht. Ja er macht lebendig – durch den Tod hindurch. Denn, wie in einem alten Gesange steht, der die Überlebenden über den Verlust der Verstorbenen trösten will: »sein Tod ein Gang zum Leben ist«; so gilt es in geistigem Sin-ne, die Mitteilung des lebendigmachenden Geistes beginnt im Tode. Denke an das Fest des Tages! Es war ja der Geist, der da lebendig macht, der heute über die Apostel ausgegossen wurde – und es war auch wahrlich ein lebendigmachender Geist, das beweist ihr Leben, ihr Tod, davon zeugt die Geschichte der Kirche, die gerade dadurch entstand, daß der Geist, der da lebendig macht, den Aposteln mit-geteilt wurde. Aber wie war ihr Zustand vorher? O, wer hat so ler-nen müssen, was es heißt, der Welt und sich selber absterben, wie die Apostel! Denn wer hat so große Erwartung gehegt, wie in einem gewissen Sinne die Apostel doch eine zeitlang zu hegen veranlaßt waren; und welche Erwartungen sind so getäuscht worden! Wahr genug, dann kam der Ostermorgen, und Christus erstand aus dem Grabe, und dann kam die Himmelfahrt – aber was dann weiter? Ja, Er war nun in die Herrlichkeit aufgenommen – aber was dann wei-ter? O, glaubst Du, daß irgend eine menschliche, selbst die kühnste menschliche Hoffnung sich auf die Aufgabe einlassen durfte, die den Aposteln gestellt war? Nein, hier muß jede bloß menschliche Hoffnung verzweifeln. Dann kam der Geist, der da lebendig macht – die Apostel waren ja auch tot, abgestorben jeder bloß menschlichen Hoffnung, jedem menschlichen Vertrauen auf eigene Kräfte oder menschlichen Beistand.

Also zuerst der Tod, zuerst mußt Du jeder bloß menschlichen Hoffnung, jedem bloß menschlichen Vertrauen absterben, Du mußt Deiner Selbstliebe, oder der Welt, absterben; denn nur durch Deine Selbstliebe hat die Welt über Dich Macht, bist Du Deiner Selbstliebe abgestorben, so bist Du auch der Welt abgestorben. Aber es gibt natürlicherweise nichts, woran ein Mensch so fest hängt – ja mit seinem ganzen Selbst! – als an seiner Selbstliebe! O, wenn in der Stunde des Todes Seele und Leib geschieden werden, nicht so schmerzlich ist das, wie bei lebendigem Leibe von seiner Seele geschieden werden zu sollen! Und nicht hängt ein Mensch so fest an diesem Leben der Sinne, wie die Selbstliebe eines Menschen an seiner Selbstliebe festhängt! Laß mich ein Beispiel geben, gebildet nach jenen alten Erzählungen von dem, was ein Mensch in älteren Zeiten an innerlichem Leiden erfahren hat, was unsere unversuchten, klugen Zeiten wohl als eine Fabel, die höchstens einen dichterischen Wert habe, ansehen werden – laß mich ein Beispiel geben, und laß mich dazu das wählen, wovon wir Menschen so oft reden, und was uns so sehr beschäftigt: die Verliebtheit, denn Verliebtheit ist gerade eine der stärksten und tiefsten Äußerungen der Selbstliebe. Also, denke Dir einen Verliebten! Er sah den Gegenstand; so wurde er verliebt; und dieser Gegenstand ward seiner Augen Lust und seines Herzens Begehr! Und er griff danach – er war seiner Augen Lust und seines Herzens Begehr! Und er ergriff ihn, er hielt ihn in seiner Hand – das war seiner Augen Lust und seines Herzens Begehr! Da erging (so ist es in jenen alten Erzählungen) der Befehl an ihn: »laß diesen Gegenstand fahren!« – ach, und er war seiner Augen Lust und seines Herzens Begehr! M. Z., laß uns hier achtgeben, um recht zu sehen, wie tief eingedrungen werden muß, wenn eigentlich die Selbstliebe getötet werden soll. Denn in seinem Elend rief er: »nein, ich lasse diesen Gegenstand nicht fahren und ich kann ihn nicht fahren lassen, o, habe Mitleid mit mir; kann ich ihn nicht behalten, nun, so töte mich, oder laß ihn mir doch wenigstens durch einen anderen genommen werden!« Du verstehst ihn wohl; seine Selbstliebe würde tief genug verwundet werden, indem er des Gegenstandes beraubt würde, aber er fühlte ganz richtig, daß seine Selbstliebe noch tiefer verwundet wird, wenn die Forderung die ist, daß er selbst sich desselben berauben soll. M. Z., laß uns weiter gehen, um das Leiden weiter in die Tiefe zu verfolgen, wenn die Selbstliebe noch williger getötet werden soll; laß uns den »Gegenstand« hinzunehmen. Also dieser Gegenstand, den er begehrte, den er ergriff, in dessen Besitz er ist, seiner Augen Lust, seines Herzens Begehr dieser Gegenstand, den er fahren lassen soll, ach, seiner Augen Lust, ach, seines Herzens Begehr, dieser Gegenstand, laß uns es annehmen, um den Schmerz des Absterbens deutlicher in's Licht zu stellen, dieser Gegenstand ist derselben Meinung, wie er, daß es grausam wäre, sie zu trennen – und er ist es, der es thun soll! Er soll das fahren lassen, dessen keine menschliche Macht ihn zu berauben gedenkt, und welches fahren zu lassen nun doppelt schwer ist; denn, Du kannst Dir's ja so denken, der Gegenstand gebraucht Thränen und Bitten, ruft Lebende und Tote an, beides Menschen und Gott, um ihn zu hindern – und er ist es, der diesen Gegenstand fahren lassen soll! Hier hast Du, wenn er anders um die scharfe Ecke kommt und nicht den Verstand verliert, ein Beispiel des Absterbens. Denn seinen Wunsch, seine Hoffnung nicht erfüllt zu sehen, oder des Ersehnten, des Liebsten beraubt zu werden: das kann schmerzlich genug sein, die Selbstliebe wird verwundet, aber daraus folgt nicht, daß dies ein Absterben sei; und selbst sich versagen zu müssen, ob es denn auch der liebste Wunsch war: das kann schmerzlich genug sein, die Selbstliebe wird verwundet, aber daraus folgt nicht, daß dies ein Absterben sei. Nein, aber selbst seinen erfüllten Wunsch zu nichte machen, selbst sich des Ersehnten berauben sollen, in dessen Besitze man schon ist: das heißt, die Selbstliebe an der Wurzel verwunden, wie sie's bei Abraham wurde, als Gott forderte, daß Abraham selbst, selbst – furchtbar! – mit eigener Hand – o, Schrecken des Wahnsinns! – Isaak opfern sollte, Isaak, die so lange und so sehnsüchtig erwartete Gabe, die aber auch von Gott war wofür Abraham meinte, sein ganzes Leben hindurch danken zu sollen, aber nie genugsam danken zu können, Isaak, sein einziges Kind, seines Alters, der Verheißungen Kind! Glaubst Du, daß der Tod so schmerzen kann? Ich glaube es nicht. Und in jedem Falle, wenn es der Tod ist, so ist es auch vorbei; aber mit dem Absterben ist es nicht so vorbei, denn man stirbt ja nicht, es liegt vielleicht ein langes Leben vor ihm, dem Abgestorbenen.

Dies war das Absterben. Aber ehe der Geist kommen kann, der da lebendig macht, mußt Du erst absterben. O, wenn ich mitunter einen Tag, oder längere Zeit, mich so unaufgelegt, so müde, so untauglich fühle, so – ja, so nennen wir's ja wohl – fast als ob ich tot wäre, dann habe ich auch bei mir selbst geseufzt: o, bringe Leben, Leben ist's, was ich bedarf! Oder wenn ich, angestrengt vielleicht über meine Kräfte, zu entdecken meine, daß ich dies nicht länger ertragen könne; oder wenn es eine Zeitlang gewesen ist, als müßte mir denn auch alles mißlingen, und ich in Mißmut versank: dann habe ich bei mir selbst geseufzt: »Leben, bringe Leben!« Aber daraus folgt noch nicht, daß das Christentum der Meinung ist, daß dies eben das sei, wessen ich bedarf. Gesetzt, es wäre andrer Meinung und sagte: »nein, stirb erst ganz; das ist Dein Unglück, Du hängst doch selbstisch am Leben, an dem Leben, welches Du eine Plage, eine Bürde nennst! stirb ganz!« Ich habe einen Menschen fast verzweifelnd zusammensinken sehen, ich habe auch ihn rufen hören: »bringe Leben, Leben, das ist ärger als der Tod, der dem Leben ein Ende macht, während ich wie tot und doch nicht tot bin!« Nicht ich bin der Strenge; habe ich ein linderndes Wort gewußt, ich bin willig genug gewesen, zu trösten und aufzumuntern. Aber doch, doch, es ist sehr möglich, daß dem Leidenden eigentlich etwas anderes fehlte – daß er härterer Leiden bedurfte. Härtere Leiden! Wer ist der Grausame, der solches zu sagen wagt? Mein Freund, es ist das Christentum, die Lehre, die unter dem Namen des sanften Trostes ausverkauft wird, während es – ja wahrlich! – es ist der Trost der Ewigkeit und für ewig, aber es muß freilich den Menschen etwas hart anfassen. Denn das Christentum ist nicht das, wozu wir Menschen, beides Du und ich, es nur allzu gerne machen wollen, es ist kein Quacksalber. Ein Quacksalber, der steht gleich zu Diensten und wendet gleich das Heilmittel an und verpfuscht alles. Das Christentum wartet, ehe es sein Heilmittel anbringt, es heilt nicht mit Hilfe der Ewigkeit ein jedes kurze kleine Unwohlsein – das ist doch wohl eine Unmöglichkeit, wie es auch ein Widerspruch ist – es heilt durch Hilfe der Ewigkeit und für die Ewigkeit, wenn die Krankheit solcher Art ist, daß die Ewigkeit angebracht werden kann, das heißt Du mußt absterben. Darum ist die Strenge des

Christentums, um nicht selbst, wozu wir Menschen es nur allzu gern verwandeln wollen, Geschwätz zu werden, und um nicht Dich im Schwatzen zu bestärken. Und daß dies richtig ist, hast Du doch gewiß auch selbst in kleineren Verhältnissen erfahren. Hast Du nicht selbst erfahren – das habe ich – daß, wenn Du vielleicht anfingst, Dich zu winden und schon sagtest: »ich kann nicht länger«, – und dann den folgenden Tag, dann wurdest Du etwas härter angefaßt, und was dann? dann konntest Du! Wenn die Pferde stöhnen und keuchen, abgearbeitet, wie man meint so, daß sie wohl einer Handvoll Hafer bedürften – aber wenn auf der anderen Seite schon bei eines Augenblicks Stillehalten der schwer beladene Wagen zurückliefe, den Abhang hinunter, und vielleicht Pferde und Kutscher und alles mit sich in den Abgrund risse: ist es dann so grausam vom Kutscher, wenn die Schläge fürchterlich fallen, fürchterlich, wie er's nie über's Herz gebracht hat, zumal das Paar Pferde zu schlagen, die ihm, solches kann ja wohl wahr sein, lieb sind wie sein Augapfel – ist das grausam oder ist es liebevoll? Ist es grausam, wenn Du so willst, grausam zu sein, wenn das unbedingt das Einzige ist, was vom Untergang retten und hindurchhelfen kann? So mit dem Absterben.

M. Z. Dann, dann – dann kommt der lebendigmachende Geist. Wann? Ja, wann dies geschehen ist, daß Du abgestorben bist; denn wie es heißt: »sind wir mit Christo gestorben, so werden wir auch mit ihm leben«, so kann auch gesagt werden: wollen wir mit ihm leben, so müssen wir auch mit ihm sterben. Erst der Tod, dann das Leben, Aber wann? Ja, wenn dies erste geschehen ist: denn mit dem Kommen des lebendigmachenden Geistes ist es wie mit dem des »Trösters«, den Christus den Jüngern verheißt. Wann kommt der Tröster? Er kommt dann, wenn all das Furchtbare, was Christus von seinem Leben vorhergesagt hat, erst gekommen ist, und gleichfalls das Schreckenvolle, was er in betreff des Lebens der Jünger vorhergesagt hat: dann kommt der Tröster. Ob er grade in demselben Augenblick kommt, wird nicht gesagt; nur das wird gesagt, daß es geschieht, wenn dieses erste geschehen, wenn dies Sterben eingetreten ist. So mit dem Kommen des lebendigmachenden Geistes.

Aber er kommt; er betrügt nicht dadurch, daß er ausbleibt. Kam er nicht zu den Aposteln, betrog er sie? Kam er nicht später zu den wahren Gläubigen, betrog er sie und blieb aus?

Nein, er kommt – und er bringt des Geistes Gaben, Leben und Geist.

Er bringt G l a u b e n , »den Glauben«: dies ist nämlich erst im strengsten Sinne Glauben, diese Gabe des Heiligen Geistes, nachdem der Tod dazwischen getreten ist. Denn wir Menschen nehmen es nicht so genau mit den Worten, wir reden oft von Glauben, wo es nicht im strengeren christlichen Sinne Glaube ist. Es ist, je nach der Verschiedenheit der Naturgabe, eine stärkere oder schwächere Unmittelbarkeit jedem Menschen angeboren; je stärker, je kräftiger sie ist, desto länger kann sie gegen einen Widerstand aushalten. Und dieses Aushalten, dieses lebensfrische Vertrauen auf sich selbst, auf die Welt, auf die Menschen, unter anderem auch auf Gott, nennen wir dann Glauben. Aber das ist nicht in streng christlichem Sinne geredet. Glaube ist wider den Verstand; Glaube ist jenseit des Todes. Und als Du starbst oder Dir selbst, der Welt abstarbst, da starbst Du zugleich aller Unmittelbarkeit in Dir selber ab, auch Deinem Verstande. Das heißt: wenn alles Vertrauen auf Dich selbst oder auf menschlichen Beistand, auch, unmittelbar, auf Gott, wenn jede Wahrscheinlichkeit ausgelöscht ist, wenn es finster ist, wie in der finstern Nacht – es ist ja auch der Tod, den wir beschreiben: dann kommt der lebendigmachende Geist und bringt den Glauben. Dieser Glaube, der ist stärker, als die ganze Welt, der hat die Kräfte der Ewigkeit, der ist die Gabe des Geistes von Gott, der ist Dein Sieg über die Welt, in welchem Du mehr als siegst.

Und der Geist bringt demnächst die H o f f n u n g , die Hoffnung im strengsten christlichen Sinne, diese Hoffnung, welche Hoffnung ist, wo nichts zu hoffen war. Denn in jedem Menschen ist unmittelbar eine Hoffnung; sie kann in dem einen lebensfähiger sein, als in dem anderen, aber im Tode, d. h. wenn Du abstirbst, stirbt jede solche Hoffnung, und verwandelt sich in Hoffnungslosigkeit. In dieser Nacht der Hoffnungslosigkeit – es ist ja der Tod, den wir beschreiben – kommt dann der lebendigmachende Geist und bringt die Hoffnung, die Hoffnung der Ewigkeit. Sie ist Hoffnung, wo nichts zu hoffen war, denn gemäß jenem bloß natürlichen Hoffen war keine Hoffnung mehr. Der Verstand sagt: »nein, es ist keine Hoffnung«; doch Du bist ja Deinem Verstande abgestorben, insofern schweigt er wohl, aber kommt er irgendwann wieder zu Worte, er wird gleich anfangen, wo er aufhielt: »es ist keine Hoffnung« –

und er wird wohl dieser neuen Hoffnung, der Gabe des Geistes, spotten; wie die am Pfingstfest versammelten Klugen und Verständigen der Apostel spotteten und sagten: sie sind voll süßen Weins, so wird er über Dich spotten und zu Dir sagen: »Du mußt berauscht gewesen sein, als Du auf so etwas verfallen konntest, wenigstens mußt Du von Verstande gewesen sein« – es liegt auch niemand näher, das zu wissen, als dem Verstande, und es ist übermäßig verständig vom Verstande gesprochen, denn absterben ist ja auch dem Verstande absterben, und die Hoffnung des lebendigmachenden Geistes ist wider die Hoffnung des Verstandes. »Es ist zum Verzweifeln, daß keine Hoffnung ist«, sagt der Verstand, »doch das kann man noch verstehen. Aber daß jenseit von diesem, daß keine Hoffnung ist, noch eine neue Hoffnung sein sollte, ja, d i e Hoffnung: das ist, so wahr ich der Verstand heiße, das ist Tollheit!« Aber der Geist, der da lebendig macht, was der »Verstand« nicht thut, der sagt und zeuget: »die Hoffnung« ist, wo nichts zu hoffen war. O Du, der Du vielleicht bis zur Verzweiflung in Hoffnungslosigkeit kämpfest, vergebens, um Hoffnung zu finden, ringest: nicht wahr, das ist's worauf Du gleichsam trotzest, daß Du meinst unbedingt, siegreich es selbst einem Kinde, selbst dem dümmsten Menschen einleuchtend machen zu können, daß für Dich keine Hoffnung sei; und es ist vielleicht grade das, was Dich erbittert, daß man Dir widersprechen will. Nun, so vertraue Dich dem »Geiste« an, denn mit dem kannst Du reden, er gibt Dir sogleich recht, er sagt: »ganz richtig, es ist keine Hoffnung, und es ist mir sehr wichtig, daß dies festgehalten werde, denn grade daraus beweise ich, der Geist, daß Hoffnung ist: die Hoffnung ist, wo nichts zu hoffen war«. Kannst Du mehr verlangen, kannst Du Dir eine Behandlung denken, die mehr grade auf Deinen Zustand im Leiden berechnet wäre? Du bekommst recht, dessen bedurftest Du, und Du bedurftest, was Dir auch zu teil wird, verschont zu werden mit all diesem Geschwätz, all diesen so ekelhaften Trostgründen, Du bekommst Erlaubnis – was so wohl thut – ordentlich krank zu werden, in Ruhe vor allen diesen Quacksalbern; Du bekommst Erlaubnis – was den Schmerz endet und die Unruhe stillt – Dich auf die andere Seite umzukehren, um zu sterben, befreit von der unseligen ärztlichen Behandlung derer, die nicht neues Leben bringen können, aber quälerisch streben, Dein Leben zu fristen oder Dich am Absterben zu hindern –

und dann bekommst Du noch obendrein »die Hoffnung«, wo nichts zu hoffen war, die Gabe des Geistes!

Endlich bringt der Geist auch: die L i e b e . Ich habe anderswo zu zeigen mich bemüht, was man nicht oft genug einschärfen und nie deutlicher genug machen kann, daß was wir Menschen unter dem Namen der Liebe preisen, Eigenliebe ist, und daß, wenn wir darauf nicht achtgeben, das ganze Christentum sich uns verwirrt.

Erst wenn Du der Selbstliebe in Dir und dadurch der Welt abgestorben bist, so daß Du nicht die Welt lieb hast, noch was in der Welt ist, ja nicht einmal einen einzigen Menschen selbstisch liebst – wenn Du in der Liebe zu Gott gelernt hast, Dich selbst zu hassen: erst dann kann von der Liebe die Rede sein, welche die christliche ist. Nach unsern bloß menschlichen Begriffen hängt die Liebe unmittelbar mit unserm Wesen zusammen; wir finden es daher in der Ordnung, daß sie am stärksten ist in den jüngeren Tagen, wo das Herz seine ganze unmittelbare Wärme und Begeisterung hat, wo es sich in Hingebung anderen öffnet, in Hingebung an andere anschließt. Dann finden wir es, ob auch nicht in der Ordnung, so doch dem gewöhnlichen Lauf der Dinge gemäß, daß nach und nach, so wie ein Mensch älter wird, sein Wesen sich weniger an andere anschließt, sich mehr verschließt, sich nicht so empfänglich öffnet, sich nicht so offen hingibt – welches uns auch als eine traurige Folge trauriger Erfahrungen erklärbar scheint. Ach, denn dieses, so sagen wir, dies frohe, liebende, vertrauungsvoll sich öffnende, ganz sich hingebende Herz der Jugend, auch unserer Jugend – wenn dies übrigens ganz so ist – es wurde getäuscht, so oft, so bitter getäuscht; ich mußte in bittern Erfahrungen die Menschen von einer ganz anderen Seite kennen lernen, und daher – also daher ist es! – wurde auch ein Teil der Liebe in meiner Brust ausgelöscht.

O, mein Freund, wie, glaubst Du, haben die Apostel die Menschen kennen gelernt? meinst Du etwa, von der vorteilhaftesten Seite? Wahrlich, wenn irgendwann jemand – doch unter denen, die immer geschäftig sind, viel von diesem warmen, vollen, liebevollen, freundschaftsvollen Herzen der Jugend zu sprechen, findet sich wohl kaum irgend ein solcher – wenn irgend jemand berechtigt gewesen ist, zu sagen: »ich habe die Menschen so kennen gelernt, daß ich weiß, sie verdienen nicht, geliebt zu werden«: so waren es die Apostel Christi! Und das erbittert; es ist so natürlich, zu wünschen, an Menschen etwas finden zu können, was man lieb haben kann, und das ist doch eine billige Bedingung, wenn das, was gesucht wird, das Wohl der anderen, oder, einzig das Wohl der anderen ist. Nichts solches finden, das Gegenteil davon finden, es in einem Maße finden, wie die Apostel: o, das ist um daran zu sterben! Und das thaten die Apostel auch in einem gewissen Sinne: sie starben, alles wurde dunkel um sie her – es ist ja der Tod, von dem wir reden! – als sie die furchtbare Erfahrung gemacht hatten: daß die Liebe in dieser Welt nicht geliebt, daß sie gehaßt, daß sie verspottet, daß sie verspeiet, daß sie gekreuzigt wird, und gekreuzigt, während die richtende Gerechtigkeit ruhig ihre Hände wäscht, und während die Stimme des Volkes laut für den Räuber ist. So schwuren sie denn wohl dieser lieblosen Welt ewige Feindschaft? O ja, in gewissem Sinne, denn Liebe zu Gott ist Haß der Welt, aber im übrigen nein, nein; indem sie Gott liebten um in der Liebe zu bleiben, vereinten sie sich, so zu sagen, mit Gott, um diese lieblose Welt zu lieben – der lebendigmachende Geist brachte ihnen die Liebe. Und so beschlossen die Apostel, dem Vorbilde gleich zu lieben, zu leiden, alles zu ertragen, sich opfern zu lassen, um die lieblose Welt zu erlösen. Und das ist Liebe. Solche Gaben brachte der lebendigmachende Geist den Aposteln am Pfingsttage: o daß der Geist auch uns solche Gaben bringen möchte, wahrlich es thut wohl not in diesen Zeiten!

M. Z., ich habe noch ein Wort, was ich sagen möchte; aber ich will es in eine Darstellung einkleiden, die Dir vielleicht im ersten Augenblick weniger feierlich scheinen wird. Doch thue ich es mit Fleiß und wohlbedachtermaßen, weil ich denke, daß es vielleicht grade so einen wahreren Eindruck auf Dich machen wird.

Es war einmal ein reicher Mann; der ließ im Auslande für teures Geld ein Paar ganz fehlerfreie und ausgezeichnete Pferde kaufen, die er zu seinem eigenen Vergnügen haben und selbst fahren wollte. Dann vergingen ein Jahr oder zwei. Wenn jemand, der früher diese Pferde gekannt hatte, jetzt ihn sie fahren sah, so würde er sie nicht haben wiedererkennen können: ihr Auge war matt und schläfrig geworden, ihr Gang ohne Haltung und Festigkeit, nichts konnten sie vertragen, nichts aushalten, kaum konnte er eine Meile fahren, ohne unterwegs einkehren zu müssen, manchmal blieben sie stehen, grade wenn er am allerbesten saß und fuhr, dazu hatten sie allerlei Launen und Gewohnheiten angenommen, und obwohl sie natürlich Futter im Überfluß bekamen, verloren sie ihr gesundes Aussehen von Tage zu Tage mehr. Da ließ er des Königs Kutscher rufen. Der fuhr sie einen Monat lang: da gab's in der ganzen Gegend kein Paar Pferde, die den Kopf so stolz trugen, deren Blick so feurig, deren Haltung so schön war, kein Paar Pferde, welches so im Laufe aushalten konnte, ob's auch sieben Meilen fortging, ohne daß eingekehrt wurde. Woran lag das? Es ist leicht zu sehen: der Eigentümer, der, ohne Kutscher zu sein, sich damit abgab, den Kutscher zu spielen, der fuhr sie in der Weise, wie sich die Pferde auf's Fahren verstehen; der königliche Kutscher fuhr sie in der Weise, wie sich der Kutscher aufs Fahren versteht.

So mit uns Menschen. O, wenn ich an mich selbst und die Unzähligen denke, die ich kennen gelernt habe, dann habe ich oft mit Wehmut zu mir selbst gesagt: hier sind Anlagen und Kräfte und Voraussetzungen genug – aber der Kutscher fehlt. Längere Zeit hindurch sind wir Menschen von einem Geschlecht zum anderen, wenn ich so sagen darf, um im Bilde zu bleiben, in der Weise gefahren worden, wie sich die Pferde aufs Fahren verstehen, wir sind geleitet, gebildet, erzogen nach den Begriffen der Menschen von dem, was es heiße, Mensch zu sein. Sieh, daher, was uns fehlt: Erhebung und was daraus wieder folgt, daß wir so wenig vertragen können, daß wir sogleich ungeduldig die Mittel des Augenblicks brauchen, und ungeduldig, augenblicklich den Lohn unserer Arbeit sehen wollen, die grade darum so wird, wie sie wird.

Einst war es anders. Es gab eine Zeit, wo es Gott selbst gefiel, wenn ich so sagen darf, Kutscher zu sein, und er fuhr die Pferde in der Weise, wie sich der Kutscher aufs Fahren versteht. O, was vermochte ein Mensch nicht damals!

Denke an den Text des Tages! Da sitzen zwölf Männer, alle der Klasse der Gesellschaft angehörig, die wir den gemeinen Mann nennen. Sie haben Ihn, den sie als Gott anbeteten, ihren Herrn und Meister, gekreuzigt gesehen; wie kann es im entferntesten von jemandem gesagt werden, wie es von ihnen gesagt werden muß, daß sie alles verloren gesehen haben. Es ist wahr, darauf ist er siegreich gen Himmel gefahren, aber damit ist er dann ja auch fort: und nun sitzen sie und warten darauf, daß der Geist ihnen mitgeteilt werde, um dann verflucht von dem kleinen Volke, dem sie angehören, eine Lehre zu verkünden, die den Haß der ganzen Welt gegen sich rege machen wird, – das ist die Aufgabe, diese zwölf Männer sollen die Welt umschaffen, und zwar nach dem ungeheuersten Maßstabe, gegen den Willen derselben. In Wahrheit hier steht der Verstand stille! Schon wenn wir uns jetzt, so lange nachher, eine schwache Vorstellung davon machen wollen: der Verstand steht stille – wenn man anders einen Verstand hat; es ist, als sollte man den Verstand verlieren – wenn man anders einen Verstand zu verlieren hat.

Es ist das Christentum, was hindurch soll. Und diese zwölf Männer, sie zogen es hindurch. Sie waren in einem Sinne Menschen wie wir – aber sie wurden gut gefahren, ja, sie wurden gut gefahren!

Dann kam das folgende Geschlecht. Sie zogen das Christentum hindurch. Sie waren Menschen ganz wie wir – aber sie wurden gut gefahren! Ja wahrlich, das wurden sie! Es war mit ihnen wie mit jenem Paar Pferde, als der königliche Kutscher sie fuhr. Nie hat ein Mensch sein Haupt so stolz in Selbsterhebung über die Welt erhoben, als die ersten Christen es thaten in Demut vor Gott! Und wie jenes Paar Pferde laufen konnte, ob's auch sieben Meilen waren, ohne Halt zu machen, um zu verschnaufen, so liefen diese, sie liefen siebzig Jahre in einem Zuge, ohne aus dem Geschirre zu kommen, ohne daß irgendwo eingekehrt wurde, nein, stolz wie sie waren in Demut vor Gott, sagten sie: »das ist nichts für uns, auf dem Wege zu liegen und zu säumen, wir machen erst Halt – bei der Ewigkeit!« Das Christentum war es, was hindurch sollte! Sie zogen es auch hindurch, ja, das thaten sie; aber sie wurden auch gut gefahren, ja das wurden sie!

O, Heiliger Geist, – wir bitten für uns und für alle – o, Heiliger Geist, Du, der Du lebendig machst; hier fehlt es ja nicht an Anlagen, nicht an Bildung, nicht an Klugheit; eher ist hier wohl dessen zu viel; aber was da fehlt, ist, daß Du das, was uns zum Verderben ist, die Macht, von uns nehmest, und daß Du dann das Leben gebest. Gewiß geschieht es an einem Menschen nicht ohne Schauer des Todes, wenn Du, um die Macht in ihm zu werden, ihm die Macht nimmst: aber wenn selbst Tierwesen in einem spätern Augenblick verstehen, wie gut es doch für sie war, daß der königliche Kutscher

die Zügel ergriff, was ihnen gewiß zuerst ein Schaudern verursach-
te, und wogegen ihr Sinn, aber vergebens, sich empörte – sollte
denn nicht ein Mensch bald verstehen können, welche Wohlthat es
für einen Menschen ist, daß Du die Macht nimmst, und das Leben
gibst!

Über tredition

Eigenes Buch veröffentlichen

tredition wurde 2006 in Hamburg gegründet und hat seither mehrere tausend Buchtitel veröffentlicht. Autoren veröffentlichen in wenigen leichten Schritten gedruckte Bücher, e-Books und audio-Books. tredition hat das Ziel, die beste und fairste Veröffentlichungsmöglichkeit für Autoren zu bieten.

tredition wurde mit der Erkenntnis gegründet, dass nur etwa jedes 200. bei Verlagen eingereichte Manuskript veröffentlicht wird. Dabei hat jedes Buch seinen Markt, also seine Leser. tredition sorgt dafür, dass für jedes Buch die Leserschaft auch erreicht wird.

Im einzigartigen Literatur-Netzwerk von tredition bieten zahlreiche Literatur-Partner (das sind Lektoren, Übersetzer, Hörbuchsprecher und Illustratoren) ihre Dienstleistung an, um Manuskripte zu verbessern oder die Vielfalt zu erhöhen. Autoren vereinbaren direkt mit den Literatur-Partnern die Konditionen ihrer Zusammenarbeit und partizipieren gemeinsam am Erfolg des Buches.

Das gesamte Verlagsprogramm von tredition ist bei allen stationären Buchhandlungen und Online-Buchhändlern wie z. B. Amazon erhältlich. e-Books stehen bei den führenden Online-Portalen (z. B. iBookstore von Apple oder Kindle von Amazon) zum Verkauf.

Einfach leicht ein Buch veröffentlichen: **www.tredition.de**

Eigene Buchreihe oder eigenen Verlag gründen

Seit 2009 bietet tredition sein Verlagskonzept auch als sogenanntes "White-Label" an. Das bedeutet, dass andere Unternehmen, Institutionen und Personen risikofrei und unkompliziert selbst zum Herausgeber von Büchern und Buchreihen unter eigener Marke werden können. tredition übernimmt dabei das komplette Herstellungs- und Distributionsrisiko.

Zahlreiche Zeitschriften-, Zeitungs- und Buchverlage, Universitäten, Forschungseinrichtungen u.v.m. nutzen diese Dienstleistung von tredition, um unter eigener Marke ohne Risiko Bücher zu verlegen.

Alle Informationen im Internet: **www.tredition.de/fuer-verlage**

tredition wurde mit mehreren Innovationspreisen ausgezeichnet, u. a. mit dem Webfuture Award und dem Innovationspreis der Buch Digitale.

tredition ist Mitglied im Börsenverein des Deutschen Buchhandels.

Dieses Werk elektronisch lesen

Dieses Werk ist Teil der Gutenberg-DE Edition DVD. Diese enthält das komplette Archiv des Projekt Gutenberg-DE. Die DVD ist im Internet erhältlich auf **http://gutenbergshop.abc.de**

MIX

Papier | Fördert
gute Waldnutzung

FSC® C083411

Zeitfracht Medien GmbH
Ferdinand-Jühlke-Straße 7
99095 Erfurt, Deutschland
produktsicherheit@kolibri360.de